手島郁郎 著

聖書の宗教とイスラエル

ミルトス

異邦人の時みつるまで

――序にかえて――

世界の歴史は弱肉強食で、征服したり征服されたり無目的のように思われやすい。または、弁証法的唯物史観でジグザグながらも、共産主義社会に到達するだろう、と考える人もある。もしくは、人間の努力によって立派な社会に成しうる、と考えて国際政策を進める政治家もあります。しかし、世界の歴史が何を目標に進んでいるのか？と歴史の方向を問われると、お先真っ暗で、歴史の潮流を知る人はありません。

だが、聖書を読むと、歴史の目標と方向がはっきりしていて、神のプログラムが示されている。世界史の運命は、神の御手《みて》にあるのを知ります。

神はまずアブラハムを選んで、聖なる民の祖となされ、祝福の基とされた。そして「地のすべての民族はおまえによって祝福される」と約束されました（創世記一二・一～三）。一千年後に、この預言はダビデ王によって成就しかけましたが、イスラエル民族の不信仰によって、間もなくイスラエルは亡国の悲運を味わわねばなりませんでした。しかし、神の摂理が取り消されたわけではないことを、イザヤ、エレミヤ、エゼキエルなどの大預言者が口をそろえて説き、地上的にも、霊的にも、エルサレムの再建と復興を叫んでやみませんでした。エズラやヘロデ王によって、地上的にエルサレム神殿の再建が少し進みましたが、その後イエス・キリストの予言のとおりに、エルサレムの都はローマ軍により紀元一世紀に大破壊されました。そして、一千九百年の歳月が流れました。

しかし、聖なる民が聖なる地に帰り、神の楽土を築くに至るだろう、との聖なる書の言葉は、天地が失せても成就する、とは旧約のみでなく新約の信ずるところでありました。

主イエスもエルサレムの滅亡を予言されたが、その滅亡は永久的でない、時みつれば、再び散らされたイスラエル人のものとなる、と言われて（ルカ伝二一・二四）、「エルサレムは異邦人の時が満ちるまで、彼らに踏みにじられているであろう」と言われた。今その時が満ちたのを見ます。パウロも「時が満ちれば、イスラエル人もキリストに救われる」（ロマ書一一・二五）と予言しました。

イスラエル人も全クリスチャンも一つになって、一つの神を拝する日のために、日本の原始福音運動は一つの使命を果したく願い祈ります。（一九六七年六月）

手島郁郎

聖書の宗教とイスラエル／目次

用語解説

一、幕屋――元もと旧約聖書において、モーセが神の指示で作った礼拝用の天幕を意味する。荒野をイスラエル民族が移動するのに伴い、神も共に歩かれたとある。著者は、内村鑑三の無教会主義キリスト教の精神をさらに発展させ、教会堂をもたず、聖書を学び神を賛美する信仰運動を提唱し、その集会を「幕屋」と呼んだ。

一、エクレシア――新約聖書で「教会」と訳されているギリシア語の原語 ἐκκλησία エクレシアは、動詞「ἐκκαλέω 呼び出す」からの派生語で、イエス・キリストに召し出され、呼び集められた者の群れを意味した。

凡例

一、用字用語や送り仮名については、本書を通じて原則的に統一したので、各講話の掲載誌の場合と異なることがある。ただし、「予言」「預言」は初出のままにした。

一、神名について、文語訳聖書に親しんだ著者は「エホバ」と呼称しているが、学問的に疑問のあることは承知している。時々、「ヤハヴェ」「主」を用いたが、本書ではあえて統一しない。

一、各講話が実際に語られた、あるいは書かれた日付を、参考のために各々の末に記した。掲載誌の『生命の光』ないしは週報の号数・年月日は付録に「初出一覧」として、出典を示した。

第一部　聖書の宗教とイスラエル

ユダヤ教と原始福音

――旧約なければ新約なし

イスラエル国の独立二十五周年を祝して、今春（一九七三年）は四百名以上のシオン巡礼団（第八次）を送りましたら、各地で圧倒的な歓迎を受けました。また、幕屋巡礼団（第九次）が独立記念日の五月七日には特設スタンドに六本のバーナーを掲げてパレードを祝しましたら、ユダヤ人たちの喜びようはたとえようもなく、キモノを着た日本婦人たちは、モミクチャにされる大歓迎を受けました。「世界中の他国人のだれもやってくれない祝福をしてくれた」とイスラエル中の人々が驚き喜び、テレビでも全世界に放送されました。

このように幕屋とイスラエルの深まる友好関係について、「幕屋は、イスラエルに近づきすぎるのではないか」という危惧《きぐ》を表明する人々があります。今、私たち皆にとって、「イスラエルと幕屋とは、今後どのような関係をもつべきか。ユダヤ教と原始福音の将来の関係は、どうあるべきか」ということを、真剣に考えるべき時が来ていると思います。

根と花のごとく

現今の西洋キリスト教は、ユダヤ教とイスラエル国に対して、はなはだ冷淡です。私たちのようにユダヤ教から学ぼうとする態度をもっていません。それは、一つには彼らの聖書の読み方に問題があるからです。イエス・キリストは、当時の形式主義的な宗教家に対して、「あなたがたがわたしの許《もと》に来ようとしないのは、モーセの書を信じていないからである。もしモーセを信じていさえしたら、当然、わたしの許に来るはずである。聖書は、わたしについて証しをする書である」（ヨハネ伝五章）と言われました。

ここで、キリストが〝聖書〟と言われたのは、旧約聖書のことです。また〝モーセの書〟とは旧約聖書の最初の五つの書物――創世記、出エジプト記、レビ記、民数記、申命記――のことでして、モーセが記したと伝えられる書物です。ユダヤ人はこれを「トーラー（律法）」と呼び、旧約中で最も重要な部分として尊んでおりますが、元来は五つの書物ではなく、一つの書物として編集されています。

「モーセの書を信じることができたら、当然、私を理解できるはずだ」との、イエス・キリストの言葉から分かりますように、私たちは旧約聖書が分からなければ新約のキリストの意味を真に理解できません。植物にたとえると、旧約は根であり幹であり、新約はその花であり、また実であります。「木は、その実によって知られる」と主イエスが言われたように、美味な良い果実が結ぶか否かは、樹木そのものの善し悪しによります。私たちは、良い苗木を選び、根を大切にしなければ、善い信仰の花を咲かせたり実を結ばせたりできません。同様に、もし私たちが旧約を否定したら、真の新約信仰は決して確立されません。

民族の贖《あがな》いの体験

今の教会クリスチャンは、宗教を抽象的な議論の問題にしてしまっており、彼らの信仰は生ける神にアリアリと贖われる体験を生み出しません。それは、旧約を軽視する態度に根本的な原因があります。聖書を六法全書のように条文化し、抽象化して、「神とは何ぞや?」と議論を戦わせてみても、それは空しい知識の積み重ねでして、それは信仰ではありません。

〝宗教〟とは、〝神〟ともいうべき実在に、アリアリと出会う体験から始まるのです。困難な問題にぶつかり、越え難い障壁に直面したとき、神が共にいてくださるので、問題は解決し、障壁をも突破することができます。この経験的な事実が歴史となります。聖書とは、この贖いの聖なる歴史の展開なのであります。

旧約聖書の信仰は、今のキリスト教と違って、神がいかにイスラエル人という一民族を救おうとしたか、の歴史を問題にしています。一つの民族、一つの国家が、いかにして神に救われたか、神がいかにしてこの民を苦心して導いたか、その歴史的なプロセスが強調されています。神は、ある時はイスラエルを慰め、ある時は懲らしめ、時には栄えさせ、またある時は流浪の生活を送らしめて、神と共に歩む信仰を体験せしめました。そして、一個人の事よりも、イスラエルという民族を単位とする取り扱いでした。

エリヤ、エリシャ、イザヤ、エレミヤ、その他、数多くの預言者たちは、ただ個人的な救いや個人の安寧幸福を願うよりも、ひたすらイスラエル民族のために神に祈り、民族愛ゆえに宗教活動をしたのです。

私は以前に、マルチン・ブーバーと対談したとき、一つの警告を受けました。「ナゼ、あなたはキリスト教のような個人主義的な宗教を信ずるのか？　聖書の宗教は一個人を救うけれども、決して個人中心のものでない。個人の信仰告白に基調を置く西洋のキリスト教が、もし日本人の心に食いつくようになったら、日本という国は瓦解《がかい》してしまうに違いな

マルチン・ブーバーと対談する著者

い。民族の救いに神の関心がある」と。

　このブーバー教授の警告を、当初、私は十分に理解することはできませんでした。しかし、自ら聖書をひもとき、深く沈思黙考するうちに、ブーバーの言葉の意味を理解することができるようになりました。

「ああ神よ、ユダヤを救いたまえ！　イスラエルを救いたまえ！　このエルサレムをもう一度、私たちに回復してください」という、長い間のイスラエル人の祈りが、一個人としての問題である以上にイスラエル民族の一員としての自覚を、いかなる時にも忘れなかった、という事実を明らかにしています。

民族の誇りを忘れた日本人

しかしながら、戦後の日本においては、民主主義が行なわれるようになった結果、個人主義、利己主義的な傾向が国民生活のあらゆる面を蝕《むしば》むようになりました。公共の利益は犠牲にしても、個人の利益や生活権が強調されている。組合活動においても少数のエゴイズムが牛耳《ぎゅうじ》るための権力闘争となり、階級利己主義は国民の生活を脅かす事態を生ぜしめています。海外に進出した日本人も、〝エコノミック・アニマル〟だとか、〝醜い日本人〟だとか呼ばれて、世界中から嫌われます。

ナゼ日本という国は、こんな情けない国になってしまったのか？　それは日教組が牛耳る学校教育においては、聖書に説かれているような〝民族の誇り〟を教えないからです。ただ一個の自分の利益だけに生きて、より大きいもののために生きる道を忘れた現代の日本人――やがてこんな国民は自滅してしまいます。せっかく、明治・大正時代まで続いてきた、日本国民全体が美しく一団となって生きた精神が再び、いつになったら回復するでしょうか！　旧約聖書を読むたびに、この事実が私の胸を打つんです。そして、このように民族の存亡について胸を打たない人は、旧約聖書を読まないし、また読んでも分かりません。

そのような人はまた、「旧約聖書は、あまりに民族主義的すぎる」と批判しますが、彼らは〝民族主義〟と〝民族的利己主義〟とを混同しています。聖書が教えるのは、民族的利己主義ではなく、民族が神に選ばれ、神の栄光のために生きる民とされるという、真の民族主義の立場であります。ですから、ほんとうの愛国心を養おうと思うなら、旧約聖書を読むべきです。国家・民族の興亡を政党や政府に委ねて、宗教が無関心であるべきではありません。

神はご自身の栄光を顕《あらわ》そうとしてイスラエル民族を選ばれ、神のために生きる民となそうとして、様々に導きたまいました。神はいかにイスラエルを救いたもうたか……しかし民は、いかに神の救いから洩《も》れて、勝手な道に走って苦しんだか……聖書は、その歴史を赤裸々に記しております。このように、イスラエルという民族の歴史に顕れた神の贖いの業を強調しているのが旧約聖書です。

千九百年にわたって世界中をさまよったイスラエル民族が、二十五年前に独立を達成することができたのも、実に旧約聖書があったからだ、とはイスラエルの多くの指導者が主張するとおりです。ディアスポラのユダヤ人は各地で混血してしまいましたから、人種的に「ユダヤ人とは、だれか？」と問うと大問題になります。けれども彼らはユダヤ人であり続けようとする熱意ゆえに、皆が一つの聖書を読み続け、刺激され、心躍らされつつ国造りしたのでした。

「聖書を持っていたからこそ、私たちはもう一度、国を回復することができた、二十世紀最大の奇跡を体験することができたんだ」と、旧約聖書に対して強烈な誇りを抱いています。弱小民族だったら、到底このような国の再興などできるものではない。日本人でも、他と同化するのが早いですから、もし国土を失えば、果たして再び建国の偉業を達成できるかどうか、私ははなはだ疑問に思います。

一つの神の御業

旧約聖書のイザヤ書その他を読んで、私たちが興味深く感ずる一つのことは、「イスラエルよ、お前は……エルサレムよ、あなたは……」などと、多数の人間の集合体であるイスラエルを個人を呼ぶように記している、という事実です。イスラエルの女性は多いはずなのに、「シオンの娘よ」と呼びかけ、単数で表現している。これはナゼか？

一つの神が造られたこの世界というものは、多様性に富むと同時に、多くの点で共通した一定の類型を持っています。例えば、最も微小なる世界で、原子核の周囲を電子その他の微粒子が回っているように、巨大な宇宙においても、太陽を中心に水星、金星、地球、火星、木星、土星などの惑星が巡っている。この構図を見るとミクロ（極小）の世界もマクロ（極大）の世界も、全く同じではないにせよ、極めてよく似ている。このように、この世界には、一つの神に造られた事実を示す徴を、至る所に見ることができます。

同様に、旧約聖書は民族という大きい単位で問題を考えていますが、しかしこれを個人の問題にあてはめ、圧縮しますと新約的となります。

新約聖書は個人の救いを問題にしている、と言われますけれども、必ずしもそうではない。パウロの信仰でも、イエス・キリストの信仰を見ても、民族的、国家的、世界的なスケールをもっています。ですから、一見、個人個人を重視しているかのように見える新約も、スケールを拡大すれば、旧約に帰ることができます。

ですから、ある旧約学者が言っているように、「旧約は新約に現れ、新約は旧約に潜む」のでして、旧約・新約と言っても、これは二つのものではなく一つのものです。旧約がなければ、新約は存在しないんです。

しかるに、西洋クリスチャンは、狭い教派心に囚《とら》われて旧約に親しもうとしない。また、「旧約の神は義と審判と怒りの神であるが、新約の神は愛と救いと赦しの神だ」などと、一面観だけを誇張して旧約聖書に反発しています。しかしこれは、彼らが本当の愛を知らないからです。神の義を含まない愛は、まことの愛ではありません。愛は義を含んでこそ、そして行なわれてこそ、本当の愛であります。また、旧約聖書は愛のない義などを説いていません。義と言い、愛と称しても、実はこれは一つの両面であります。真に義を含む愛、柔和でしかも威厳に富む愛——不二一体、だんだん完成し、人格はこの域に達することができるのです。このような実体としての愛の本質を知らないから、今のクリスチャンは旧約聖書を読もうとしないんです。

聖書と言えば、新約聖書のことだと思いこんで、小さなポケット判の新約だけを持ち歩いて満足し、旧約聖書など読む価値がない、と勘違いしています。こんな旧約軽視の信仰が、いかに薄っぺらな根なし草の信仰でしかないか、至る所の教会クリスチャンにそれを見るとおりです。

真の贖罪《しょくざい》信仰とは

一般のキリスト教徒が旧約聖書を読まない、もう一つの理由は、旧約聖書のもつ厳しい〝罪への恐れ〟が彼らの肌に合わないからです。今の人々は、なるべく罪を軽視しようとします。毎日新聞の記者が、外務省の女性秘書官と姦通して取材したのに、「新聞記者の取材の自由」という美名に隠れて、自らの犯した姦通《かんつう》の罪に対しては〝プライバシー〟だ、といって言い逃げる。このように、社会全体が「罪意識」を欠いていますから、本当に贖われる信仰体験に入ろうとする人が非常に少ないわけです。

罪とは、決して単なる過ちや失敗のことではありません。人間、この世に生きる限り、罪科を避けて通ることはできません。聖書が言う罪とは、そんなしくじりの罪悪ではない。神に全く背を向けて生きること、神がなくても自分は生きられると思う傲慢《ごうまん》な態度をいうんです。

私たちは、もし神がなかったら、本当に自分の運命は滅亡しかないことを知っています。神なしに生きることの恐ろしさを感じ、罪への恐れを深く意識することから、真の贖罪信仰が始まるんです。本当に罪から贖われたいと思う者には、「永遠の生命、すなわちイエス・キリストが抱いていた生命に与《あずか》らなければ、とうてい自分は聖《きよ》まらない、変身することはできぬ」という切なる祈りがあるはずです。

このように、厳しい旧約の罪意識の基盤の上に立って、キリストの血（生命）に与る新約的贖罪信仰を説いているのがヘブル書であります。ヘブル書こそ、旧約と新約とを結ぶかなめであります。

ユダヤ教の花であるキリスト

イエス・キリストは、何か新しい宗教を創始して、ユダヤ教と対立する意図はありませんでした。「私は律法を破壊したり、預言者に背くことを教えに来たのではない。旧約の宗教を完成し、成就するために来たのだ」（マタイ伝五・一七）と言われたのを見ても分かるように、キリストの原始福音は現在のキリスト教のように、ユダヤ教と宗派的に反目し、対立した別派ではありませんでした。

彼はユダヤの宗教を余りにも愛されたがゆえに、当時のユダヤ教の形骸化《けいがいか》を嘆いて、宗教改革のノロシを上げられたのでした。キリストはあくまでユダヤ人として、メシア的意識をもって「旧約聖書の精神に帰れ！」と叫んだのでした。そのために、彼はついに十字架につけられ、殺されてしまいました。もし新宗派を立てるつもりならば、十字架にかかったりしません。ヘブライ信仰の精髄をどこまでも守り抜こうとして、イエスは血の祭壇に身を捧《ささ》げ、生死をこえても前進しようとされたのでした。

そういうわけで、原始福音の初期においては、ユダヤ教の一派としての雰囲気が濃厚で、指導的な役割を果たしていたのはほとんどすべてユダヤ人でした。安息日が重んぜられ、旧約聖書が集会で読まれていました。そして、次第にイエスの言い伝えやパウロの手紙が、〝福音書〟や〝書簡〟として信仰奨励のために併読されるようになりましたが、旧約聖書が依然として〝聖書〟として尊ばれていました。

特に「モーセの五書」（律法・トーラー）を心読したら、イエスにこそ、永遠の生命が内在している、この霊的生命を分与するところにイエスの生命があると、同胞であるユダヤ人を啓蒙《けいもう》したのが、彼ら初代エクレシア（教会）のクリスチャンたちでした。

原始福音の異質化

このように、旧約聖書の伝統の上に咲いた原始福音の初期は、信仰が健全でした。しかし、原始福音がヨーロッパその他の各地に伝道されるに及んで、各地の風土や民族に適合した宗教を生み出そうとして混交し、次第に信仰の異質化が起こってきました。たとえば、ローマの女神礼拝に影響されて〝聖母マリア崇拝〟が生じ、その女神の祭日がクリスマスとして聖母礼賛されるようになり、セム民族の伝統は廃れました。また、二世紀の後半から三世紀になると、ローマ化した教会の教父たちの思想はギリシア哲学や東方思想にも支配されるようになり、原始福音の霊的生命はスッカリ失われてしまいました。

こうして、聖書の宗教が外国に伝わって異質化するにつれ、キリスト教とユダヤ教とが対立し、反発するようになりました。また、ユダヤ教はキリスト教のように、外国に向かって伝道することをしませんから、数においても次第に劣勢となって統制力を失いました。ユダヤ教から変質したキリスト教に対して、「あれは聖書の宗教とは違う!」と、ハッキリ批判的な態度をユダヤ人はもつに至るのも当然でして、セム民族に特有な唯一神の信仰を堅持しつつガンとして異教徒と同化しないユダヤ人は、キリスト教徒から散々いじめられ、迫害されるに至ったわけです。

しかし「迫害」というものは奇妙なもので、いじめられればいじめられるほど、ますます信仰を固めていきますから不思議です。ユダヤ人たちは、自らの民族的な誇りを決して忘れず、ついには二千年にわたる流浪の旅に終止符を打って、二十五年前にイスラエル国の再建を達成したのでした。

宗教的帝国主義の誤り

ユダヤ教はこのように、己の独自性を保つということには厳格ですけれども、他宗派・他宗教に対して自らを押しつけたりいたしません。しかしながら、キリスト教はヨーロッパ人の気質を受け継いだからでしょうが、宗教を抽象化し、絶対化する傾向が強いために、他宗教を排斥し、自らを他に押しつける性質をもっています。この〝宗教的帝国主義〟とも言うべき体質は、カトリック教会でも、聖公会でも、プロテスタント諸教派でも例外なくもっています。それで、アメリカのクリスチャンなどは、〝ユダヤ人伝道をしよう〟などと提唱して、盛んに宣教師を派遣し、ユダヤ教徒をキリスト教徒に改宗させようと無理な努力をしています。

しかし、この〝宗教的帝国主義〟たるや、実にバカげたシロ物で、これは宗教というものの特質を全然知らない人が主張することです。すでに出来上がった宗教というものは、外部からこれを改変・改革しようとすることは極めて困難で、ほとんど不可能に近いものです。

例えば、弘法《こうぼう》大師空海によって創始された真言宗は、日本中に非常に深い影響力をもっています。ただ単に〝真言宗〟という一宗派としてだけでなく、各地に民俗的宗教として土着し、人々は「お大師さん、お大師さん」と空海を慕っております。空海は宗教的寛容と帰一を旨としました。

この隠然たる勢力をもつ真言宗の信徒を、真宗に改宗させようとしたり、または日蓮宗の改革ということを、外部から浄土宗の人がやろうとしたって、出来るものではありません。宗教改革は内部からは可能ですけれども、外部からは不可能です。

ローマ・カトリックの修道僧マルチン・ルーテルは、カトリック教会内の腐敗を嘆いて改革を叫びましたら、予想外に多くの人々の共鳴を呼んで、ついにはプロテスタントとして教会の束縛を脱する一派が生まれるほど、宗教改革運動に発展いたしました。それで、ルーテルはユダヤ教徒にも呼びかけてユダヤ教の改新を期待しましたが、何らの反応もありませんでした。〝宗教改革〟と言っても、それはキリスト教会内部の出来事にすぎない、とユダヤ教徒はソッポを向いたからです。期待はずれになると、ルーテルは晩年には、ユダヤ教徒に対して怒って様々な悪口を言いました。

そのルーテルの悪口を上手に利用して、ユダヤ人迫害の口実にしたのがナチスのヒトラーでした。北欧諸国はルーテルを神様の次ぐらいに考え、半ば神格化していますから、「ルーテルがこのようにユダヤ人を批判しているではないか！　彼らは神の恩寵《おんちょう》の特権から堕《お》ちた滅びの民である」と扇動しますと、人々はこぞってユダヤ人を苦しめ、虐殺することさえ厭《いと》わぬに至ったのです。ユダヤ人がこのように追いつめられ、悪逆非道の取り扱いを受けたのも、もとはと言えば、西洋キリスト教会のもつ宗教的帝国主義が原因でした。

各時代各民族の花が

プロテスタントの一派であるホーリネス教会の中には、「ユダヤ人がイスラエルの地に帰って来て、キリスト教に改宗した時に、メシアが再臨する」と信じている人々がいます。これは旧約聖書を誤解して、そう信じているわけですが、「御再臨があるためには、どうしてもユダヤ人が改宗しなければならない。再臨を促進するために、イスラエルのために祈り、彼らの救いのためにユダヤ人伝道に励まねばならない」などと中田重治牧師などが主張しました。

それで、私たち幕屋がイスラエルと親善関係を結んで接近するのを見て、「あなたがたはイエスをメシアと信じているクリスチャンであるならば、なぜユダヤ人に伝道しないのか？　我々と同調して再臨促進運動をやろう」と呼びかけて来たりします。しかし、これに対して私たちは「否《ノウ》」と答えて拒否します。それはなぜか？

一つには、私たちがメシアを信じるといっても、西洋流のクリスチャンの信じ方とは違っているからです。私たちは肉のイエスを信じているのみでなくて、永遠のメシア、生けるキリストを信じているからです。アブラハム、モーセの昔からイスラエル民族を贖い、ダビデ王の時代にかの繁栄をもたらしたもうた神の霊は、しばしば人間に受肉して歴史上に姿を顕現しました（七三、七四ページ参照）。これをメシア、すなわちキリストと呼ぶんです。そしてイエス・キリストにおいて神の御霊はまさしく顕れました。けれども、私たちは人間イエスに信じるのではない。彼に受肉し、臨んだところの永遠の生けるキリスト――今も生きて働き、苦しむ者の祈りにありありと答えたもう、生けるキリストに信じているのです。だが、この〝生けるキリスト〟を、霊的に体験したことのない人々に、この事実は理解できません。ただの言葉のアヤとしか受け取りません。

もう一つは、〝宗教〟というものはある時代、またある民族を通して咲く花だ、と考えるからです。植物でも、その風土によって花の咲き方、実の結び方が違うように、ユダヤ教、キリスト教と宗派の形式は違っていても、それぞれ、いろいろの宗教が共存してもよいではないか、と私は考えます。この考え方は私だけではありません。アブラハム・ヘシェルでも、マルチン・ブーバーでも、ユダヤ教徒ですけれども、私と同様の意見でした。「キリスト教はキリスト教として存在したらよい。キリスト教という既成宗教を排撃するよりも、その純化を促したらよい」とヘシェルは私に言いました。

ユダヤ教とキリスト教とが同根である以上、相互に刺激し合って進歩すべきだと思います。例えば、ルドルフ・オットーの『聖なるもの』(*Das Heilige*) などの神学書は、ユダヤ教にも多大の影響を与えたとして、学者はその真価を高く評価いたしました。

キリスト教の神学者では、オットー・ピーパーやラインホルド・ニーバーでも、パウル・ティリッヒでも同じ考えに立っており、宗教は共存してもよいではないか、と主張しております。私も、今さら出来上がったユダヤ教をキリスト教に同化しようとは、夢にも思っていません。各時代、各民族を通して咲いた神の花を、もっと豊かに咲かせたらよい、と信ずるのです。

イエスの戦いを今も

宗教は実存的な問題で、「どの宗教が優れているのか?」ということを、冷静に、第三者的に問うことではなく、一人一人が現在、生ける神との出会いの経験の濃淡を問うことです。その神学者が、果たして神と共に生きる信仰をもっているかどうか、ということを私は看破して対決します。宗派の違いは二の次、三の次であります。

日本人はこの意味において、西洋人と違い、宗教の形の上の差異については寛容な民族です。問題は、外面的に何の宗派を信奉しているかではなく、私たちはイエスが聖書を読まれたのと同じ読み方——すなわち新約的な読み方で読み信じてゆけばよいのです。いかにヘブライ語を学び、旧約聖書を読めるといっても、単にユダヤ教に模倣し、ユダヤ教の学者の説をウノミにするのであれば、それはつまらないことです。私たちはそんな愚かな過ちを犯したくありません。

私は何も特別に宗教的訓練や教養をもつ人間ではありません。ただ旧新約聖書を味読しただけの人間です。素人であるだけに囚われずに真理の追究ができます。ユダヤ教の優れた学者たちが、「やあ、手島の信仰は本物だ。マクヤの信仰は聖書の宗教の当然あるべき姿だ。私たちユダヤ人も、マクヤ人のヒトラハブート（灼熱《しゃくねつ》の歓喜）を回復したいものだ」と言われるときに、私たちは〝イエスの霊戦〟を後続しつつあると知って、嬉《うれ》しくてなりません。

私は、イエスはユダヤ教徒であったという立場に立っています。

宗教の大眼目は？

今後、私たち幕屋はユダヤ教に対し、どのような態度をもつべきか？　前にも述べたとおり、私たちはすでに出来上がった宗教に対して外部から改宗や改変を迫るべきではない。伝道というものは、人生に苦しみ呻《うめ》いて救いを求める人にのみ、神の救いを説けばよいんです。

イエス・キリストは、ユダヤの宗教的な伝統の上に立って改革を叫びました。後代のキリスト教会のように、「旧約は廃れてしまい、新約が残ったんだ。旧約は新約に取って代えられたんだ」などとは、イエスもパウロも言っていません。新しい霊的な約束を立てるとは、旧約聖書自体が約束していることです。

出エジプトの時に、神の出会いの幕屋において、イスラエルの長老みんなが、神の霊に満たされて預言をし、異言を語りました。このような神の御霊の働きが濃厚であったからこそ、かの出エジプトの大業も行なわれたのでした。

パウロはユダヤ人の一人として、旧約聖書が証ししている霊的生命の復活を、同胞が体験することを願ったのでした。ロマ書一一章の中で彼は「イスラエルは古き良きオリーブの根であり、異邦人は信仰のゆえにこの根に接ぎ木された野生のオリーブである」と言っています。根から出てくる養分のゆえに、異邦人である私たちも祝福され、福音の中に入れられて、喜ぶことができました。宗教的素養において劣る異邦人でさえ、このように喜び、生命に与って花を咲かせているのならば、どうしてユダヤ人はこの喜びの生命を受けて、豊かな花を咲かせないのか、とパウロは嘆いたのでした。

素晴らしいユダヤ教の花が

パウロにおいては、ユダヤ教とキリスト教の宗教的対立などという問題はありませんでした。彼はエペソにいる異邦人の信者たちに、次のように書き送っています。

「記憶せよ、あなたがたは以前には肉によれば異邦人であり……キリストもなく、イスラエルの市民権もなく、……この世で神なき者であった。あなたがたは以前はこのように遠く離れていたのに、今やキリスト・イエスにあって、キリストの血によって近いものとなった。キリストはわたしたちの平和であって、二つのものを一つにし、敵意という隔ての中垣を取り除き、ご自分の肉によって、数々の規定から成っている戒めの律法を廃棄したのである。それは、ご自身において二つのものをひとりの新しい人に造り変えて平和を来たらせ、十字架によって二つのものを一つのからだとして神と和らがしめ、敵意を十字架にかけて滅ぼしてしまったのである……彼にあって、わたしたちの両方の者が一つの御霊にあって、父のみもとに近づくことができるのだ……」（エペソ書

二・一一～一八）

パウロにとっては、一つ御霊にあって神のみもとに近づくことだけが問題でした。「血によって……」とあるのは、代罰説のことではありません。これは犠牲の燔祭《はんさい》の羊として献《ささ》げられたキリストの生命を意味します。主の御血、すなわち神の聖霊が分け与えられることによって全世界が祝福される。これを「福音」と言うのです。この御霊にバプテスマされることが肝要であって、私たちにとってはユダヤ教、キリスト教の外見上の区別などどうでもよい。パウロが「もはや、ユダヤ人もギリシア人もなく、奴隷も自由人もない。あなたがたは皆、キリスト・イエスにあって一つだ」と叫んでいるとおりです。

せっかく、イエス・キリストがもたらした生命——御霊——これが、形式主義的な宗教家たちによって空《むな》しくされているのを嘆いたのがパウロでありました。これは、当時のユダヤ教だけでなく、今日のキリスト教についても同様で、聖霊の来臨のみが我らを一つにします。

ですから、ユダヤ人がこの神の御霊を受けて、ヒトラハブートの歓喜に生き始めたら、どんなに良いだろう、というのが私の願いです。それは決してキリスト教に改宗することでない。もっと素晴らしくユダヤ教に花を咲かせることなんです。優れたユダヤ教の指導者たちが、幕屋の人々のもつ霊の熱い生命を自分たちも回復しなければならぬ、と気づき始めています。彼らは、決して私たちが何か理屈や教理に秀でているとは思っていません。ただ、私たちのグループにたぎる生命を、聖霊の愛を知りたい、これにあやかりたい、と彼らは願っているんです。

ユダヤの宗教は旧約聖書に見るように、他の宗教と根本的に相違します。例えば、「人間が神を求める」よりも「神が人間を探し求めている」のであり、ギリシア思想が「人間よ、なんじ自身を知れ」と命題にするのに対し、「まず神を知れ」と要求しています。出発点が違うので、妥協できぬほどギャップ(溝)があります。したがって、聖句の解釈も、求道の仕方も、全く違うべきです。にもかかわらず、前述のように、欧米のキリスト教は霊的な聖書をローマ的に、ギリシア的に知的解釈し、人々に分かりやすく調和して説いてゆくうちに、すっかり本来の意味を失い、今もってはなはだしい曲解がまかり通る次第です。

聖霊よ、来たりたまえ!

(一九七三年五月八日)

使徒パウロの悲願
――ロマ書一一章に見るパウロの苦悩と確信

父祖アブラハム、イサク、ヤコブに始まり、モーセや代々の預言者たちによって受け継がれた真の信仰とメシア（キリスト）の福音、これがどうしてユダヤ人に受けいれられないのか？　この問題について、使徒パウロは内心の悲痛な祈りを込めて、ロマ書の九章〜一一章で論じています。

元来、キリスト教とユダヤ教とは別個なものではありません。キリスト教は、イエスの信仰も、パウロの信仰も共に、旧約聖書に起源をもつ宗教の改革と完成として存在しているのであり、ナザレのイエスがキリスト教という新宗教の樹立を目論《もくろ》んで宣教したのではありません。パウロは、旧約宗教の歴史的発展と完成がイエス・キリストにおいて成就したと見ているのに、なぜ、ユダヤ人はこれを「救いの光」として受け取らないのか？

パウロは、キリストの生命を伝えるために、遠くローマにまで行き、異邦人のための伝道者となりました。自分の国民の救いをさて置いて、異邦人伝道に出かけることは、パウロにとって一つの問題でした。そして、世間にはすでに、「神はその民イスラエルを捨てたのだろう。だから福音が我々異邦人に伝わったのだ」という声も聞こえてきます。

それに対して、パウロは、内心に悲痛な祈りをこめながら、「断じてそうではない！」と叫び、全世界に聖書の宗教を説くことは、神の煩悶《はんもん》苦肉の策と見えるかもしれないが、ユダヤ人の救いを結果するのだ、とこの現実の背後に働く神の歴史的摂理を深遠な奥義と論じています。

十字軍《クルセード》への恨み

幾度か聖地パレスチナを旅行して、その度に私が淋《さび》しく思うことは、あの地方にはほとんどクリスチャンがいないことです。それどころか、私をクリスチャンだと発見すると、人々は「ああ、なぜ、仏教徒じゃないのか」と、アラブ人でもイスラエル人でも、そう言って、淋しく失望の表情を示します。アラブ民族は十字軍《クルセード》の占領時代に、キリスト教の軍隊から残忍残酷きわまりない仕打ちを受けた経験を、いまだに忘れてはおりません。聖地奪還の美名の下にヨーロッパから押し渡った十字軍は、パレスチナの原住民に対して、略奪、暴行、殺人など、ありとあらゆる悪行を平気でしました。これでは、多くのアラブ人たちが西欧キリスト教を憎み嫌うのも無理はありません。

アメリカから「クルセード」と称して日本伝道に来る宣教師がありますが、私も同様に怒りを感ずるのです。西洋人は、「十字軍」といえば、何か信仰的に良いことだ、と思っています。しかし、最も良い王様として有名な英国のリチャード王ですら、いかに残忍であったか。それに比べて、回教王サラディンが、どんなに十字軍の捕虜を厚遇したか、歴史を調べれば分かります。「クルセード」という言葉は、東洋の諸民族に対する西洋人の暴虐を回想せしめる、忌まわしい記憶を呼びさます言葉です。それを知らずに、「東洋人は無知だ。我々のキリスト教を受け取らない限り、お前たちの文明は永劫《えいごう》の輪廻《りんね》から救われない」と言って、クルセード伝道集会をやる宣教師たちを見るときに、その横柄さに私は怒りを発してしまいます。

ユダヤ人たちにしてみれば、千九百年間、ヨーロッパのキリスト教国で迫害され、いじめ抜かれていますから、頑としてキリスト教なんか信じやしない。恨《うら》み骨髄に徹しているんです。

しかるに、そのユダヤ人たちも、私たち日本の原始福音の一群に対しては、大変好意を示し、尊敬をもって迎えてくれる。一体、これは何でしょうか。
パウロは実に、このような伝道をしたかったのです。理屈ではなくして、「やあ、あなたがたは立派だ、偉い！」とユダヤ人が感心して、妬ましく思うほどの信仰運動が起きたら、彼らも必ず神に立ち帰る、とロマ書一一章で述べています。

イスラエルを妬ませよ

そこでわたしは問う、「彼らがつまずいたのは、倒れるためであったのか」。断じてそうではない。かえって、彼らの罪過によって、救いが異邦人に及び、それによってイスラエルを奮起させる（嫉ませる）ためである。（一一節）

イスラエル人の不信仰がキリスト教を生んだ、と言えば、結果的に生んだことになります。彼らが、宗教的反発の故にイエス・キリストを殺してしまったことが、救いを異邦人にまでも及ぼさせる結果になったが、これは「イスラエルを奮起させるためである」とパウロは言っています。

この「奮起させる παραζηλῶσαι（パラゼローサイ）」という言葉は、「妬《ねた》む（ゼロー）、張り合う」という言葉、英語の「嫉妬《しっと》 jealousy（ジェラシー）」と同じ意味に基づいています。むしろ「妬みを引き起こす」と訳すべきです。ユダヤ人が聖書は自分たちの宗教書だと思っていたのに、異邦人がこれを信じだした。しかも、「彼らの信仰は素晴らしいな！」と妬むようなことが起き始めると、ユダヤ人もジッとしておられずに、信仰に立ち帰るだろう、というのであります。

今回の聖地巡礼（一九六八年十月、第四次）に参加した教友たちが口々に言われることです。「特に嬉しかったのは、イスラエル滞在の最後の日の朝、テルアビブの目抜き通りを行進したときだ。『祝エルサレム回復』の大バーナーを掲げて、『シャローム』の歌声も高く、巡礼団一行はディーゼンゴフ通りを進んだ。交通量も多い通りですが、自動車も警官も、喜んで私たちを通してくれた。通りの両側のビルの三階、四階の窓から、沢山の人々が手を振って喜んでくれる。商店や事務所から人々が飛び出してきて、教友たちを握手攻めにする。中には、花束やお菓子を持ってきてくれる婦人もある。全ユダヤ人が幕屋のクリスチャンに対しては深い敬意を払ってくれた。妬ましいほどに慕ってくれた」と。

パウロの意図する状況は、まさに、このような現実だったのです。頑固なユダヤ人は、妬ましいような状況が起きない限り、悔い改めない。しかし、カペナウムで私と別れるときには、三人のイスラエル人運転手たちが皆、男泣きに泣いて、祈りを共にしました。ユダヤ教徒の彼らと、キリスト教徒の我らとが、共に一つの神エホバを讃《たた》え合いました。これこそ、使徒パウロが夢見た未来の光景なのです。

しかし、もし彼らの罪過が世の富となり、彼らの失敗が異邦人の富となったとすれば、まして彼ら全部が救われたなら、どんなにか素晴らしいことだろう。（一二節）

イエス・キリストを殺したのはユダヤ教徒である、だからユダヤ人は不信仰の民だ、と西洋人は根っから思って、彼らを蔑《さげす》んでいる。だが、それは今に始まったことじゃないのです。このロマ書は、キリスト教が発生して、わずか三十年後頃に書かれたものです。しかし、すでにユダヤ人に対する軽蔑・反感というものが兆していたからこそ、パウロはこういう弁論を展開しているのです。

一人のユダヤ人のパウロが福音に目覚めた結果、古代ローマ帝国全土に福音が広がった。だとすれば、ユダヤ人の全部が福音に立ち帰るならば、全人類の歴史はどんなに大きく変わるか！　確かに今日まででも、文明史の最高峰を連ねる大天才の半分以上が、ユダヤ人なのです。もし、イスラエル人の間に、続々と聖霊のリバイバルが勃発《ぼっぱつ》すれば、世界史の軸が大きく変動することは間違いありません。ここにパウロが民族愛で悲願する理由があります。パウロは心を痛めつつ、「実際、私の兄弟たる肉の同族のためなら、私自身が呪《のろ》われてキリストから捨てられてもいとわない」（ロマ書九・三）と断言しています。

パウロの悲願

そこで私は、あなたがた異邦人に言う。実に私が異邦人の使徒であるかぎりは、私の務めを私は光栄あらしめよう。できればどうにかして、私の骨肉を奮起させて（妬ませて）、彼らの中の幾人かを私は救いたいものだ。（一三、一四節）

パウロは異邦人伝道に遣わされた者として、大いに自分の本分を誇りました。また、その使命の大成功は、常に神様への栄光の証しでした。パウロの赴くところ、どこででも、町全体がパウロの宣教に耳を傾け、多くの市民が回心しました。しかし、いつもパウロの成功を嫉妬し、伝道を妨害したのが、各地のユダヤ人でした。だが、少数でもよい、自分の血肉ともいうべきイスラエル人に救いを伝え、福音の生命を共にしたい、とパウロは切に願っていました。

もし、彼らの捨てられたことが世の和解となったとすれば、彼らの受けいれられることは、死人の中から生き返ることではないか。（一五節）

彼らが神から審判され、その結果、世界中の人が福音に浴して、神の民になった。神と和解した。パウロの伝道を通して、当時始まったばかりのキリスト教ではありましたが、ヨーロッパや世界全体を罪から贖《あがな》い、「和解 καταλλαγή（カタラゲー）」させる力をもった驚くべき宗教であることを、ありありと深く証明しました。そして、世界をも覆す、この福音の中にユダヤ人が受けいれられることが実現すれば、信じ難いが死人の中から生き返るようなこととなる。死中に生あり、という。

「死者の復活」こそはメシアの来臨に伴う兆候なのだが、ユダヤ人の回心は難しいこととはいえ、これの可能性を信じて疑わないのが、パウロのメシア信仰でした。神は全能である。死人をも生き返らすことができる。

碧巌録《へきがんろく》の中の有名な一節に曰《いわ》く、『髑髏《どくろ》識尽きて、喜び何ぞ立せん　古木龍吟《りょうぎん》、銷《しょう》して未《いま》だ乾かず』。脳ミソも何もない髑髏《されこうべ》、意識などはとっくに尽きてしまっているのに、しかし立ってもおれないような歓喜が、その骸骨に湧《わ》き起こってくる。古木が龍のように吟《うた》い、天地を揺るがす。死んだように見えても、銷して未だ乾かない。然《しか》り、これです！

実に、宗教は逆説的な救いなのです。私たちは皆、本当に宗教感覚もないような人間でした。死人同然、どれだけ足掻《あが》いても、ずるずると人生の暗黒の底辺をのたうつばかりでしたのに、しかし、ある時、神が主の十字架の血潮を、私たちの心にただ一滴そそぎたもうたことから、不思議に胸のときめきを覚え、生命の光に入れられてしまったのです。それは議論でなく、逆説的な経験なのでした。

福音の歴史的根幹

もし麦の初穂が聖《きよ》ければ、そのかたまりも聖い。もし根が聖ければその枝も聖い。（一六節）

聖という字は、神のために聖別され、神に属するもの、という意味です。「初穂 ἀπαρχή（アパルケー）」という言葉は、単に小麦にかぎらず、神前に奉納する作物や家畜の初物の総称です。もし初物の麦粉が、神に献上してもよいほど良いならば、その粉で作ったパンも、また神に献上してもよいに決まっています。

同様に、聖書の宗教においては、信仰の父となったアブラハム、イサク、ヤコブ、モーセの、その素晴らしい信仰が伝統となって、脈々と続いているんです。途中、いろいろな紆余《うよ》曲折《きょくせつ》はあるにしても、必ず神に喜ばれる素晴らしい信仰が現れてくるのが、当然です。エッサイの根、ダビデの裔《すえ》からメシアが起こるという思想も、これに由来します。

しかし、もしある枝が切り去られて、野生のオリーブであるあなたがたがそれに接がれ、オリーブの根の豊かな養分に与《あずか》っているとすれば、あなたはその枝に対して誇ってはならない。たとえ誇るとしても、あなたが根を支えているのではなく、根があなたを支えているのである。(一七、一八節)

パウロはここで、信仰の関係をオリーブの木に譬《たと》えています。オリーブという木は、永遠の生命の象徴なのです。この木は、次々に新芽が根から生え伸びて、親木の幹にからみつく。古い幹が朽ちても、新しい枝が根から生えてそれを庇《かば》うようにも伸びる。こうして、オリーブの木は千年も、二千年も生き続けます。またオリーブの実を搾った油は食用油となり、傷口を癒やす薬となり、灯火となって暗夜を照らすので、砂漠の生活においては、オリーブは欠かすことのできないものなのです。

有名な英国の歴史家トインビーは「文明の出合い」ということを言っているが、旧約聖書の宗教に、いささかも関係のなかったローマ人たちも、旧約の伝統につながれたばっかりに、宗教的歴史的一大変異をきたしてしまいました。アブラハム以来の生命の脈動が、西に伸びてキリスト教となり、アラビア砂漠を覆っては回教となり、東に伝わっては大乗仏教の中の弥勒《みろく》思想や法華経として、アミダ如来として、深い影響を及ぼしたのです。

ローマの信徒たちは、「我々こそ、キリストの生命に生きている！」と威張ったのでしょう。確かに、野生のオリーブでもよいから、古い根に接ぎ木しますと、急にその幹も根も生きかえって、ぐんぐん成長し始めてきます。だが、だからといって、異邦人が福音に浴していることが、根っ子である旧約のアブラハム以来の信仰を強化賦活《ふかつ》させたと思うならば、それはローマ人たちの過信だ、とパウロは戒めます。尊いのは、まず土台となっている根の存在であります。

「オリーブの根の豊かな養分を共にする者となった」というのは、ユダヤ人クリスチャンと一緒に霊のイスラエルたる恩沢に浴したことをいうのです。で、西洋人クリスチャンよ！　誤解してはいけない。いくら威張っても支えているのは根だ。ユダヤ人クリスチャンだ、と皮肉って、パウロはたしなめます。それはちょうど、日本の男が男性に生まれたのを威張るようなものでして、男に産んでくれた母が女性であることを忘れているような、児戯に等しい言い分です。また逆に言うと、女であることを誇るアメリカ女性みたいなものです。男なしに女もないのに。

すると、あなたは、「枝が切り去られたのは、私が接がれるためであった」と言うであろう。まさにそのとおりである。彼らは不信仰のゆえに切り去られ、あなたは信仰のゆえに立っているのである。高ぶった思いをいだかないで、むしろ恐れよ。(一九、二〇節)

ユダヤ人のキリストへの不信仰の結果として、神様はユダヤ人を見捨て、西洋人にキリスト教を教えられるのだ、という誤った考え方が、伝統的に西欧のキリスト教界に行なわれてきたのでした。極端にこの考え方をすすめて、ロシアのポグロム運動や、ヒトラーのナチズムのように、ユダヤ人大量虐殺を画《はか》った事例まであります。

しかし、もし、ユダヤ人はその不信仰のゆえに、永遠に切り捨てられた滅亡の流民だ、という思想を唱えるのを聞けば、パウロでも、イエス・キリストでも、どんなに嘆き悲しみ、怒ることでしょう。とんだ誤解に基づくものです。

ローマ人は、当時の古代ローマ帝国全土を支配する民族として、威張っておったでしょう。「福音を受けいれてやった」と言わんばかりの風潮もないではありませんでした。それをパウロは戒めています。

「ユダヤの歴史なくして、あなたたちのこの栄光ある宗教的な贖いの経験があり得ただろうか。傲慢《ごうまん》になる前に、この厳粛な事実に思いを致したらどうか」。パウロの口調は、いつになく厳しく続きます。

原始福音というものは、いつでも今一度、聖書の根本に帰って、永遠の生命を汲み直すことに始まります。信仰、信仰というが、なにかの教理や使徒信経でも唱えたらよいというわけではありません。信仰とは、アブラハムに発した大きな聖史に脈打つ神の生命の流れに、古い自分の生命が切断されて、新しく接ぎ木されることをいうのです。たとえ神の民イスラエルでも、キリスト教会といえども、この聖書の源流から離れ落ちるときに、不信仰の謗《そし》りを免れず、霊的生命の退潮は必至なのです。

信仰の接ぎ木

もし神が元木の枝を惜しまなかったとすれば、あなたを惜しむようなことはないであろう。(二一節)

イエス・キリストは、ヨハネ伝でこう言われた。「我はまことの葡萄《ぶどう》の木、汝《なんじ》らは枝なり。汝らもし我に留まらずば、実を結ぶことあたわじ」(ヨハネ伝一五・五)。すなわち、ブドウの根に枝がつながっていなければ、枝は実を結ぶことはできません。キリストの生命につながっている限り、我らエクレシアの枝は生きていくことができます。

信仰とは、一度自分の生涯が切られて、全く新しい神に接ぎ木されることをいうのです。しかし、接ぎ木をするためには、あえて古い木の枝を切り落としてしまわねば、別の枝を移植もできません。

桃栗三年柿八年というが、この八年もかかる柿も、接ぎ木をすれば、わずか二年で実を結ぶのです。台木の根から上がってくる養分がすぐ役立つからです。私たちも、自分の古い考え、古い信仰、古い生き方を切り捨てて、新しくキリストの台木に移しこまれ、神の聖霊に突き上げられたい。信仰の第一歩は、まず生命の突き上げる台木（**十字架の木**）に移し替えられることからです。新生回心の経験――これ以外に、原始福音の信仰の秘密はないんです。

だが、このためには、キリストの側に、どれくらい悲痛な傷があるかをも、思い知ってほしい。生命を注ぎ、血を流すためには、自分の血管を破らなければ輸血できません。同様に、神様は、十字架という傷口を通して、御血潮を汚れた血の私たちに注いでくださる。

人々は教理で救われると思っているかもしれない。しかし、この私に関する限りは、キリストの十字架の血によらずしては、救われることも、新しく自己を変異することもあり得なかったのです。私の過去は醜く、自我の刺だらけです。過去を咎めれば、きりがありません。

詩人ブラウニングの詩の一節に――『過去は犬にくれてやれ、我らには永遠があるじゃないか！』とあります。然り、現在の私は生命的に違います。もう私は過去に留まっていません。永遠の霊が私に湧いています。

生命は内に在って、外側から見ることはできない。しかし、自分の内側に流れる不思議な十字架の血の生命、これが内側から魂を贖い、私を永遠の汀《なぎさ》に汲ませてくれる。信仰は、キリストの霊と全く一つになる主体的体験であります。宗教（レリジオン）とは再結合の意味です。

最近のアメリカで叫ばれる言葉に「Identity Crisis 主体性の危機」というのがあります。自ら主体的に自信をもって生きるということは、もう出来にくい。現代人は、自分を切り捨てても何か大いなる生命に合一することが、もはや出来なくなってきている。思い返してもみてください。あなたが初めてキリストに見《まみ》えたとき、あなたは傷ついた生涯に頭うちし、傷心して嘆いて、身元も不確かだったのに、聖霊がそのブロークン・ハート（傷心）に押し込むようにして、あなたの内側へと注ぎ込むや、嘆きは変わって祈りとなり、憂愁《うれい》は変わって歓喜の歌となったではないか……こういう回心の経験は、自身で体験して知るものです。観念的なアイデンティティーは危ない。しかし、生命が主体的に一つとなると、何よりも確信が湧く。キリストと一つとされた、その日以来、あなたは過去を捨て、新しい生命の躍動に生きてきているではありませんか。信仰は主体的であれ！

信仰の極意

神の慈愛と峻厳とを見よ。神の峻厳は倒れた者たちに向けられ、神の慈愛は、もしあなたがその慈愛にとどまっているなら、あなたに向けられる。さもないと、あなたも切り取られるであろう。（二二節）

「慈愛 κρηστότητα クレストテータ」というのは、「慈悲、情け深さ」とも訳せます。神は愛です。無限の愛です。しかし、峻厳です。せっかく丹念に育てられた選民ユダヤ人でも、不信仰になると、容赦なく打って捨てるのが神です。躓いた不信仰な者には、神は恐るべくして、峻厳、とても近寄りがたい。だが、罪深くして、とても神様の前なんかには出られないはずのローマ人でも、ひとたび悔いて神に立ち帰れば、豊かな恩恵を注いで愛育してくださる。神は一視同仁で、ユダヤ人にも異邦人にも同じく遇される。各人の信不信によって、仁愛か峻厳かに分かれる。神に背く罪の心が、天国の敷居を高くし恐ろしくさせてしまう。

信仰とはすなわち、神の慈愛、慈悲に留まる経験をいうのです。自分が何かを頭で信じることではない。神の愛に支えられている状況を「信仰」というのです。もし聖霊の愛から切り落とされたら、あなたは福音全体から切り捨てられてしまうのである。あなたは神の愛に投げ身して生きているだろうか。神の慈愛に全託することが、福音信仰です。

信仰の初歩の人は、「私は神様を愛します」とよく言います。そんなに簡単に、人間が神を愛することができるだろうか。「愛する」といって努力した愛、義理で愛する愛など、とうてい「愛」ではない。本当に愛されてみなければ、愛ということは分かるはずもありません。

ある婦人が言いました。「先生、こんなに遇していただいていいんでしょうか。どうやって私はお返ししましょう」

わずかばかりの愛を受けて、それを金銭で返そうとするならば、その愛をも失ってしまいます。神様が彼女を大いに恵もうとされるのに、「神様、私は卑しい女です。もう結構です」と言って辞退したならば、神様といえども、彼女を愛することができない。愛されることを許さないから、神からも愛されることを拒む。ここに信仰の量りがあります。神の愛から離れて、自分の力で生きて、「さぁ、私は神にご奉仕をします」というような傲慢な気持ち、こんな教会の役員たちがもつ尊大な根性がある限り、彼らに信仰は根無し草でしかありません。

「ペテロは主を愛したが、ヨハネは主に愛された」とアウグスチヌスは評しています。ペテロは、主イエスを愛して地獄までも行きますと宣言しました。そして、主イエスが十字架にかけられる前に、三度も主を否んだのがペテロでした。「私は愛する」という能動的な信仰はしくじります。

それにひきかえ、ヨハネは若い弟子でしたが、十字架の刑場まで恐れずに付き従いました。愛される者は、強い。マグダラのマリアは、七つの悪鬼に憑《つ》かれたような忌まわしい女でした。しかし、神から罪を赦《ゆる》されたマリアは、強い男の弟子たちが皆、主イエスを捨てて逃げ去ったのに、弱い女でありながら、ゴルゴタの丘まで主を慕って行きました。朝まだき、いち早くお墓詣《もう》でに出かけたのもマグダラのマリアでした。

愛されるということができない者は、愛を知りません。信仰とは、神に愛される生涯をいうんです。愛は無私です。自分が愛したのに……とも思わないから、ちっとも苦情が出ません。最も愛した人から裏切られた悲しみと痛みは、いつまでも私に残って、血が流れるように疼《うず》きます。しかしながら、そのことのゆえに、その人を恨むことはない。それは、金銭貸借のように、返せば済む愛ではないからです。愛は、泉の水のように自《おの》ずと心底から湧くのでなければ、清く純粋でありません。

イスラエルの希望

しかし、彼らも不信仰を続けなければ、接がれるであろう。神には彼らを再び接ぐ力がある。なぜなら、もしあなたが自然のままの野生のオリーブから切り取られ、自然の性質に反して良いオリーブに接がれたとすれば、まして、これら自然のままの良い枝は、もっとたやすく、元のオリーブに接がれないであろうか。

（二三、二四節）

イスラエルの宗教と関係のないローマ人ですら、この福音に接がれると素晴らしい変化が来た。接ぎ木雑種といって、接ぎ木の結果、第三の優秀な性質が生まれてくる。だが、もともと素晴らしい枝であるイスラエルです。これが神の生命に「拒否反応」さえしなければ、これを福音の台木に接ぐことは、いとも容易なことだ。不信仰という病菌を切除さえすれば、神の枝イスラエルは、いつまでも神によって元の根に接ぎ戻されることができる。死からも復活せしめる力を神様が発動すれば、即刻にでも可能である。もし、自分の同胞である全ユダヤ民族が神に、キリスト（メシア）に帰る日があったなら、どんなに、どんなに嬉しいことだろうか。全世界にキリストの福音が伝わった後に、必ずイスラエル人もキリストを強く待望するだろう、とパウロは信じ祈願しました。
この思想はパウロ独特のものでなく、すでに主イエスが説かれた信念でした。（マタイ伝二四・一四）

時みちて

> 兄弟たちよ、あなたがたが知者だと自負することのないために、この奥義を知らないでいてもらいたくない。一部のイスラエル人《びと》が頑《かたく》なになったのは、異邦人が全部救われるに至る時までのことである。（二五節）

「異邦人が全部救われるに至る時まで」とは、いささか意訳しすぎです。原文の直訳だと、「異邦人たちの満つること（プレローマ）に至るまで」となる。しかも「τὸ πλήρωμα（ト・プレローマ）」といって、定冠詞付きである。すなわち、「異邦人のいわゆる成就」とは、「異邦人の支配の終了時」とか、「諸国民の贖いがあまねく漲《みなぎ》る状態」とかを意味したのでしょう。

聖旨《みむね》にかなえば、今日でも、元のオリーブの木に接ぎ戻されることのできるユダヤ人が、なぜ、すぐに救いに与らないのか。この疑問にパウロは答えて、ここで結論を付けています。救われるということに順序がある。やがて最後に全イスラエル人が救われる時が来るということです。

先日、米国のバークレーで幕屋聖地巡礼団が泊まった翌日、ホテルで私の姿を認めると、追いすがるように近寄ってきた老人がいました。その方はアブラハム・ゴットリーブ博士といい、カリフォルニア大学の整形外科の名誉教授で、医学界の泰斗として令名高き大碩学《せきがく》です。

「昨日、英文版の『生命の光』をある人から頂いた。読みだしたら、一頁一頁、読みながら興奮してしまいました。こんなに感動して読んだ本は、近来にありませんでした。私は長い間、あなたのような人が地上に出現する日を待っていました。そして、その人が日本に出たのだ！　何という驚きであり、喜びでしょう！　私は老人でして、もう長い間、涙も涸《か》れていたのに、今日は感激の涙にむせんでいます。本当に有り難い！　こんな精神運動が日本に起こったことは、世界の希望です。もう私は死んでも本望です。私は無神論者だったが、今後は、あなたたちの信ずる神を私も信じます……」

と、全身ふるわせながら、熱情こめて語られる姿に、英文版『生命の光』を出した意義を知りました。

そのゴットリーブ博士から次のような手紙が届きました。

「手島先生、あなたたちのイスラエルへの訪問が非常に大成功であることを新聞で読み、わが事のように喜んでいます。私はこの嬉しい気分を表現できずに、恥ずかしいです。私の八十八年の長い生涯で、あなたのような偉大な日本人に出会ったのは初めてです。また同行の紳士淑女たちが皆教養高いばかりでなく、極めて霊的であることを見て驚きました。

『生命の光』を読みつつ私は熱狂したいほどです。人種や宗教、道徳、習慣の差異を超えて、相互に理解し合い、寛容と愛情をもって一つの世界に協調して住みうるものだとの信念を、いっそう確かめました。あなたと出会い、あなたのグループを見て、私の長い間の夢と念願と幻想が実現する時が来たのだと思い、あなたの教えは私に希望の課題を与えます。すでにその第一歩は、あなたの指導と教説で成ったのです。先生の未来の雄図《ゆうと》を、神よ、祝したまえ！

あなたの知己のマルチン・ブーバーには一九〇四年、私がパレスチナに旅行の途次、オーストリアのウィーンに立ち寄ったときに知り合うことができました。彼は大学院で哲学博士となるため準備していました。その時、テオドル・ヘルツェルが死にまして（七月三日）、私はロシアのリガ大学の学生でしたが、この偉大なるシオニズム運動の創始者ヘルツェルの葬儀の護衛学生たる名誉を担うことができました。

テオドル・ヘルツェル

当時、ベングリオン（イスラエル元首相）も、ベン・ツヴィ（前大統領）も私と同様に同じく学生で、大きい理想主義者でした。若い私たちの胸に宿った幻想（ファンタジー）が今や現象となって、ユダヤに、また手島先生とその一団に見ることができようとは、ああ、八十八年の老齢まで生き延びて、激しい幸福感に酔います……」

そこで、私は考えました。一九六九年には、少数ながら、キリスト・イエスを信じているユダヤ人にも接近して、彼らに手を差し伸べて語りたい、と。互いに交流して、一つの神、一つのキリスト（メシア）を賛美し、互いに一つの聖史につながる愛の交わりを喜びたいと願います。

パウロの言わんとする奥義は、実に、エルサレムの回復をきっかけにユダヤ民族の回心という神の歴史的時間が必ず到来するという預言でした。一般のユダヤ人が妬むくらいに、宗派を超えて、互いに熱く神の生命に生き、愛に生きる私たちでありたい。原始福音の一団を見てくれたら、パウロも念願がかなえられ喜ぶでしょう。

こうして、イスラエル人はすべて救われるであろう。すなわち、次のように書いてある。「救う者がシオンから来て、ヤコブから不信心を追い払うであろう。これが彼らの罪を除き去る時に、彼らに対して立てるわたしの契約である」

（二六、二七節）

パウロは、イザヤ書の聖句を引用しながら、伝道の困難な中からも祈っております。神言は不動です。エルサレム（シオン）に救う者（メシア）が必ずやって来て、イスラエル民族の霊を熱く燃やし、信仰をかき立てるとき、彼らの罪はぬぐい去れる！と。その時は近い！

いついつと待ちにし人は来りけり
今は相見て何か思はん
（古歌）

生けるキリストの霊的来臨は、昔に変わらず、今も続いている。見えざるメシアの活動は、信ずる者に働く。

私たちもパウロに倣《なら》って、日本民族の霊性の回復のために祈りたい。暗い前途に落胆せず、現下の道義の退廃に失望せず、神霊の火を赤々と燃やしていけば、キリストの御愛の中に全東洋人が生きて喜ぶ日々が明《あ》け黎《そ》めるでしょう。日出《い》づる国日本が、世界史に大きい役割をはたすためには、原始福音による精神復興こそ最重要な定礎式というべきでしょう。

（一九六八年十一月十七日）

アブラハムの祝福の完成
――伊豆聖会（一九七〇年）における開会の辞

時に主はアブラムに言われた、「おまえは国を出て、故郷を去り、父の家を離れて、我が示す地に行け。我はおまえを大いなる国民となし、おまえを祝福し、おまえの名を大きくしよう。おまえは祝福の基となるであろう。……地のすべての民族はおまえによって祝福されるのだ」（創世記一二・一～三）

旧新約聖書の信仰は、神がまずアブラハムに親しく現れて祝福したもうたことから始まっているのであります。そして、神の約束のとおりに、アブラハム、イサク、ヤコブの子孫は霊的に祝福されたばかりか、その後、ダビデ・ソロモン時代を迎えるに至って、イスラエル史上で最大の地上的繁栄と物質的祝福を受けました。一人のアブラハムが祝福されることを通して、その祝福は多くに及びました。その祝福が千々万々のユダヤ人たちに及んだばかりでなく、その後に起こったキリスト教も、その根源をアブラハムに発しており、さらにその後に起こったマホメット教も、同様にアブラハムの祝福に与《あずか》ろうとした宗教です。全人類の大半が、このアブラハムの祝福に入ることを目指している。これは実に驚くべき事実です。

しかしながら、神に選ばれたイスラエルの民たちは、なぜか、神の約束の前半分だけの成就にとどまり、後の半分（全地の民族の祝福）を忘れているようであります。

神の選び

神が、ある一民族を選び、あるいは一個人を祝福されるときに、その精神的、霊的恩恵が一個人だけに、または、その民族だけにとどまらず、その他の多くの人々に、国々に、広く行きわたるところに神の摂理があると約されています。

なるほど、ユダヤ教、キリスト教、マホメット教、世界の三大宗教がアブラハムの信仰に端を発している点で、イスラエル民族の受けた祝福が、アジア、アフリカ、ヨーロッパに及んだかの感がします。しかし、それは一方的な神の御手の働きでして、イスラエルの子孫が積極的に伝道した結果ではありませんでした。だれか一人が祝福されるのは、その人の恵みが基となって、多くの人々を潤すためだ、ということを知るならば、イスラエル民族の運命はもっと違って、偉大になった、と私は思います。

ソロモン王が物質的に繁栄し、栄華を誇った時代に、その巨富をもって、イスラエルの民がこの後半の約束を実行し、全世界に散って、この聖書の宗教を宣教しましたならば、世界の歴史はもっと変わっていただろうと、私は思います。

しかし、せっかくダビデが得た富も、ソロモンは奢《おご》る栄華に注ぎこみ、やがて繁栄を誇った都エルサレムはアッシリアに、バビロン、シリアに蹂躙《じゅうりん》され、略奪されてしまいました。

イエス・キリストが生まれた二千年前には、富める人といえば、一握りの貴族だけで、多くは土百姓、小作人など貧しい卑しい人ばかりが住んでおりました。アム・ハアレッツ（土の民）といえば、元来は〝在郷の素封家《そほうか》〟のことですが、度重なる戦乱に田畑を荒され、すっかり没落していました。イエス・キリストといえども、アム・ハアレッツで貧しい階級の出身でありました。そして、宗教階級と称する少数の祭司、貴族、サドカイ人たちが神殿を食いものにし、自分たちだけで宗教的利益を独占し、富み栄えていました。

主イエスはその有様を見て、「ああ、エルサレムは盗賊の巣になった。ここは神の宮であるのに、霊と真《まこと》とにおいて天の父を礼拝すべきところであるのに！」と言って、大いに悲憤慷慨《こうがい》された。時の大王ヘロデは、ソロモンの神殿を模して、それに勝るとも劣らない荘厳な神殿を金銀をちりばめ長い年月かけて造営したが、伝道はしませんでした。

聖史の不満

それで、イエス・キリストの予言のごとく、紀元七〇年にローマ帝国の蹂躙《じゅうりん》するところとなりまして、あれだけ貯まっていた金銀も、みな海外に流出し、後は廃墟となってしまったのでした。〝驕《おご》る者は久しからず〟、これは歴史の法則であります。現代の社会世相、世界状勢を見ましても、これは当てはまることです。富める国はますます富んでゆきます。アメリカがそうです。ヨーロッパがそうでした。わけても世界に覇を唱えたイギリス人は、今はすっかり没落し、どこまで墜《お》ちてゆくか分からない。かつて栄えたスペイン、フランスも国が傾いています。

今日、世界中で最も富める一団があるとしたら、ローマのカトリック教会の本山、バチカンでありましょう。全世界のカトリック教徒から、金を集めております。バチカンのみの利益になるために、保護されるためには、努力いたします。しかしながら、この祝福を他に及ぼそうとしません。これはアブラハム以来の神の啓示に反します。が、この驚くべ

でした。

この恩恵があったればこそ、東洋の涯《はて》の私たちのごとき者も、有り難い救霊に入れたので

のイエス・キリストでありました。キリストの福音のゆえにヨーロッパ文明は築かれた。我ら

き霊的祝福が全世界の諸民族にまで及ぶように、と叫び続けて昇天していったのが、我ら

世界各国が、果てしなく争い合っている主な原因は、国々が自分たちだけの祝福を願う

からです。それは、共産主義といい、ファッショといい、資本主義といい、少しも変わり

ません。この狭い日本に一億の人口がひしめいているのに、米国と同面積のオーストラリ

アはわずか一千万の人口であります。有色人種を排斥して入国させずに、自分たちだけが

豊かな地の産物を楽しみ、土地がなくて困っている民族に土地を割譲してやろうとは、オ

クビにも出さない。これがキリスト教国でしょうか？　この国際的利己主義が、第二次世

界大戦の根本的要因だったと思われます。

集団的利己主義という点では、社会主義者も同じソシリをまぬがれません。彼らは社会

機構を変えて、何とか資本家の富を奪おうとしています。それに対して富者は奪われまい

として、必死にそれを防ぎます。畜生にも及ばぬ餓鬼道の姿、これこそ世界の現実であり

ます。人類愛だ、社会福祉だ、と人々は美しい理念を高唱しますが、その根底には、まず

自分の権利を優先的に擁護したい、との自己保存の要求が秘められています。

だが、私たちのイエス・キリストは、「それであってはイケナイ！　受くるよりも与うる者が幸いである」と教えられた。然《しか》り、受けることばかりに汲々《きゅうきゅう》としておる間、この聖書の預言はいまだ成就しない。愛は惜しみなく与えてやまない。父親も母親も、子供たちに与えるために稼いでおります。自分だけが幸福を独占するのではなく、幸福が隣人にも与えられるように、というところに、イエスの福音が存在するのであります。私たちは「祝福の基」とならねばなりません。

賀川先生の印象

私は少年時代から賀川豊彦先生を尊敬してきました。先生は、真に日本が生んだ偉人でした。しかも御自分の天才に溺《おぼ》れることなく、御自分の才能によって与えられた富は、多くの人々に分け与えられていました。先日もX君が述懐するのに、「ボクは東京神学大学の学生時分に賀川先生に共鳴して、深川の貧民窟《ひんみんくつ》で伝道しておったが、ついにうまくいかなかった。先生は毎月毎月、ボクに学費を下さった上にポケット・マネーも下さった。『卒業したので、北海道に帰って伝道します』と申し上げたら、『そうか、私はなお貧しい人々のために踏みとどまって、生きていくヨ。キミは帰るのか……』と言って、先生は寂しそうだった……」と。

ほんとうに賀川先生は与えて与えてやまぬ人柄でした。多くの人が、栄誉を、物を、権力を得ようとするのに、先生は与えよう、与えようとされました。人間は、子供の時には自己の生存を第一にしますから自己中心ですが、大人になると自分のことだけでなく、他人の世話をいたします。だが、もっと魂が成長すると、広く与えてやまぬ愛が目覚めます。

アメリカの事業哲学は、"Give and take"（与えよ、さらば与えられるべし）といって、利益を受けるために与える。それも、なるべく少し出そうとします。これは真の愛ではない。他に与えるふりをしているが、腹の底には、もっと多く何か握りしめたい、という欲望が先立っている。生前、賀川先生が私にお話くださった中に、「自分は貧民窟に住んでいる頃、『死線を越えて』という本を書いたら、当時、五万円も印税が入ってきた。貧民窟におっても、王様のように幸福に生きた」とおっしゃった。そして、入ってくるお金を、次々と隣人に与えてやまれませんでした。実に、賀川先生こそは聖書的に魂の幾段階を越えたお方でありました。

無私の愛

国際的に見ても、後進国に経済援助をしたら世界平和が実現すると言って、水路を造ってやったり、平和部隊を派遣したりいたします。が、後進国は要求を強めるだけで、平和に役立ってはいません。あるいは欧米の宣教師が次々と日本にやって来て、少しばかりの聖書やパンフレットをばらまいたからといって、日本人が感謝をするわけではありません。それは、彼らの動機が本当の愛でなかったからだと思います。どんなに自分が犠牲になっても泥まみれになってもよいから、という無私の愛では生きていない。繊維の輸出入交渉の問題を見ても分かるとおりです。米国に尻《しり》を叩《たた》かれて、いよいよ日本が自由貿易に乗り出した矢先、アメリカは自国の商品を守るため、関税障壁を設けて、保護貿易に転向する。自分の国だけが安全であろうと計ります。これが、自国の貨幣に"In God We Trust"(神に我ら信頼する)と刻銘しているキリスト教国だろうか? 私はアメリカに不信感を覚えずにおれません。

今回の伊豆聖会には、グアム島からトマサ・ディアス夫人と令嬢が来てくださっています。昨年来、私は数十人の教友と一緒に、何回もグアム島に行きました。そして行く度に、ディアスさんは一家をあげて私たちに御馳走《ごちそう》をしてくださるのです。これはなぜか?

ディアスさんの御友情の前には、実に頭が下がります。「私はクリスチャンだ」と言って大きい顔をするグアム島の牧師は恥ずかしいんじゃないでしょうか。なるほど御主人は戦前、日本の工学院大学で建築技術を修められた方ですし、奥様はヤップ島で日本軍の従軍看護婦でした。そして、グアム、サイパンなど南洋の島々の原住民は、太平洋戦争中に最も苦しみ、幾万の人たちが生命を失い、今に至るまで、日本政府から何の補償もありません。しかし、ディアスさんたちは、「いやー、戦争ですもの。仕方がありません。だが、日本の統治時代は良かったなァ」と言って、何一つ私たちを咎《とが》めようとされない。かえって、「よく来てくれた」と言って、私たちを労《いたわ》ってくださる。またサイパン島のローザ夫人も、この伊豆聖会に来てくださった。ほんとうに与えて与えてやまない気持ちをもった方々が、太平洋の島民です。

かつて賀川先生は、「日本で最も尊敬すべき犯罪の少ない精神的地方は沖縄である」と言われたが、その沖縄県からも、多くの教友が本聖会に集っておられる。ここに代表される人々の精神こそ、原始福音的と言われるものの典型であります。小利口なクリスチャンとの大きい違いを見ます。今日のキリスト教は自派の会堂建築とか、教会維持のための幼稚園経営には熱心でも、真に人々の霊魂の救済には無力です。

歴史の再建

いろいろ戦争によって人類全体が歪《ゆが》められてしまいましたが、これをもう一度、最初に神が計画されたとおりの祝福された世界に戻さなければならない。そのためには、どうしても、このアブラハムの祝福の後半の摂理「祝福の基となって他に及ぼす」運動を起こす必要があります。

きょうは嬉しいことに、ニューヨークからフックス博士が来て、私たちと共にアブラハムの祝福を嗣《つ》ごうと応援してくださっている。また在日イスラエル人会会長のリーベルマン氏もここに来て、全世界の民がアブラハムの祝福を嗣ぐ日が来るために備えて、共に喜んで心を一つにしてくださる。

イスラエル人の偉大さは全世界が知るとおりです。少数民族でありながら、数々の偉大な天才を出した。道徳的な意味においても、思想界においても、また政治、経済、芸術の世界においても、これほど偉大な人材を輩出した民族は他に知りません。マルクス、ベルグソン、メンデルスゾーン、ディズレーリ、アインシュタイン、フロイト……その他、現代の名匠偉人を数えていったら切りがありません。実に神の約束は驚くべくして、「我はおまえを偉大な国民としよう」と、アブラハムに約束されたとおりになりました。

しかし、まことに残念な点は、「全地の民族が、おまえの祝福に光被されて、共に祝福される」と言われるのに、少数のイスラエル人しか率先して伝道の第一線に立っていません。日本に最初にプロテスタント伝道者として渡来したベッテルハイムは、ユダヤ人クリスチャンでした。

イスラエルの歴史を今さら、ダビデ・ソロモンの黄金時代に歯車を戻すこともできません。しかし、ユダヤの国力がだんだん衰えてきた二千年前に、この祝福を広めるためにイエス・キリストが出現し、真の信仰復興を叫ばれ、全世界に伝道せよと命じられ、ペテロ、ヨハネ、パウロ、トマスなどが全世界に散りて死力をつくしました。

このカリスマ的福音は、ギリシアの知的文化に毒された西洋人に伝わったために、途中で本来の聖書的精神から離れてしまいました。今、せめてこの日本の地にだけでも、古いアブラハムの約束を純粋に成就させてください、というのが私たちの祈りであります。

（一九七〇年七月二十三日）

地上に具現する聖史

――新シオン主義について

（編注）一九七二年の夏、第一回白馬聖会において、著者は「新シオン主義」を提唱しました。以下は、聖会に先立ち、伝道者の会でシオニズム運動についての信仰対談を行なった際に語った談話の筆記録です。録音状態がはなはだ悪く、聞き取れない箇所もありましたが、著者のシオンに対する信仰を表現しているものですので、掲載します。

今のキリスト教が「贖《あがな》い」と言っているもの、「贖罪《しょくざい》」と呼んでいる思想は、ずいぶん聖書からずれている面があります。罪の赦《ゆる》しとまでは言うにしても、パウロなんかが言う「贖い」――「御霊の最初の実を持っているわたしたち自身も、心の内で呻《うめ》きながら、子たる身分を授けられること、すなわち、体の贖われることを待ち望んでいる」（ロマ書八・二三）というところにまでは及んでいません。

イスラエルの民は、メシアが来臨する時に、死んで骨になった者も皆贖われることを待望しています。それでマタイ伝でも、イエスが十字架にかかった後に、たくさん墓場から生きかえった死人がいるなどと書いてあるのは、一つの贖いの前触れの思想なんです。オリーブ山にあれだけ多くのユダヤ人の墓があるのは、メシアの来臨をいち早く迎えて贖われたいということの要望なんですね。

以前から藤井武先生（内村鑑三先生の高弟）は、無教会主義は聖書知識においては真によく研究するけれども、もっと霊的な来世を求めることにおいて不足している、と自己反省を述べておられましたが、メシアの来臨ということについて十分理解できていないと思う。藤井先生は、「新シオン」を唱えなさったが、不徹底に終わった。私に言わせれば、来世というときに、いわゆる死んでから行く来世天国でない。メシアが来臨するというのはもっと地上的な出来事なんですね。

これについて深い理解を示したのが、内村鑑三先生でした。ヘブライ大学の定礎式が行なわれた（一九一八年）という報を聞いて、内村先生は、これは疑いもなく世界第一の大学になる、そして大学の建設はパレスチナ回復の第一歩に過ぎない、と言われた。これに次いでユダヤ人の復帰運動は進み、各方面の建設が行なわれて、ついに聖書の予言は成就する、と励ましておられました。ただ中田重治牧師のホーリネス派と組んだ（大正七年［一九一八年］より始まった超教派の再臨運動）のが間違いで、とうとう先生は再臨運動から手を引かれた。先生が思っていたメシアの待望運動と、西洋流の再臨派とが絡んだものだから、内村先生もジレンマに陥られた。

私が言う「新シオン」というものは違います。もっとキリストの地上の再臨というか、来臨《パルーシア》という問題をキリスト教は考えなければいけないと思う。それはもちろん、霊的な贖いでいいんですが、なお、もし霊的な贖いだけでいいなら、何もシオンの都エルサレムにイスラエルの民が帰って来て、あそこに都造りをする必要はなかったんです。アメリカでもいいじゃないか、ロシアにでもユダヤ人国家を造ったらいいじゃないか、アフリカにも土地を提供する者もいるんだから、そこに国造りしたらいいじゃないか、という思想も出てくるわけです。しかし、「いや、我らは聖書の示すシオンの地に帰り、イスラエルに国を興そう」という思想が、ヘルツェル等のシオニストの原点であり、メシア的意識をもっている者は、つねにエルサレムを指していますね。

「歴史の主」としてのメシア

私たち幕屋の民は、つぎつぎとエルサレムに行って、シオンの再建ということに共鳴を表している。この共鳴の意味をもっと明確に表しておいたほうがいいと思うんです。

今、我々の幕屋について「幕屋がいい」と言ってくれるのは、ユダヤ人ばっかりですね、妙なことですが。「ただ、キリスト教と言わないなら、もっと幕屋はいい。いわゆる西洋のキリスト教、あれが嫌いだ」とユダヤ人が言うんです。

「新シオン」とは、メシアを待望する運動です。メシアはエルサレムに現れる、そのためにまずエルサレムに拠点を造ろうといって、ハシディズムの人たちは先にシオンに帰って来た。ハシディズムは最も霊的なグループだというけれども、なぜ霊的な者がシオンに来たか、というところに問題があると思うんです。なんでハシディーム（ハシディズム派のユダヤ教徒のこと）がエルサレムに帰って行かなければならなかったのか。なぜなら信仰というものは、いつも具体的でないと、本当に身が入らないからです。そうでないと、単なる観念論に終わってしまう。今の日本のキリスト教は、それですね。

私は「新シオン主義」いう考えを前からもっていた。今に始まったことじゃない。何に啓発されたかというと、まだ私が学生の頃、内村先生亡き後、藤井先生が「新シオン主義」を唱えられた。当時の無教会における欠点は、霊的な来世というものがないですね。

いや、霊的な来世までなら藤井先生の言う「新シオン主義」でいい。しかし、私はそう見ていない。メシアが来臨するということは、地上的な出来事です。すなわち、「歴史の主」として来る。こういう思想は、まだ十分浸透していません。

聖なる歴史

まあ救済史ということを書く人はいます。しかし、それは神学的な救済史論であって、オットー・ピーパーなんかも救済史という立場に立って、「歴史を救う者、歴史を潔《きよ》める者」としてのクリスチャン意識を述べています。歴史を救う者はどこまでも地の塩の役割であって、表面には出ないかもしれないが、神の歴史の担い手としての「残れる七千人」だという思想、これを私は「新シオン」と前から呼んでいます。まあ「新シオン」という名前はともかくとして、その信仰は聖書の霊的な系統です。今のクリスチャンは、「救済史」という歴史を作る――ホーリー・ヒストリー（聖なる歴史）の観念が非常に希薄ですね。ただ聖書と聖なる民と聖なる土地があるだけでない、もう一つ大事なことは、聖なる歴史というものがあって、神様は何とか人類の中にご自分の歴史を進めようとしておられる。このことについて今のキリスト教は、ホーリー・ヒストリーの立場を取りきれないでいます。

なぜ幕屋の人たちがイスラエルを喜ぶのか。これはホーリー・ヒストリーの観念から来ています。この信仰の立場を取らない者には、六日戦争（第三次中東戦争）でエルサレムが回復したことも、あんなのは何でもないじゃないかと言ってしまう。

私が言うところの「新シオン主義」という意味は、藤井先生などにあった一つのホーリー・ヒストリーの観念では十分でない。まあ、やや内村先生のほうが近い。賀川豊彦先生にとっては、全然こういうホーリー・ヒストリーの観念がない。そういう立場では聖書を読んでいない。しかし聖なる歴史の立場でないと、聖書は分かりません。あれだけイスラエル人がシオン帰還運動に一生懸命になるのはどうしてか？「どこでもいい、自分の国をもっと安全な所で新しく造ったらいいじゃないか」という人がいる。それだったら、アブラハム、イサク、ヤコブの約束が崩れてしまう。それは地上的なことだが、しかし天上的なことでもあります。天と地は不可分だからです、ある意味で。

このことは、例えば日本人に、天孫民族として神の歴史を作るための島、この大和島根に自分は置かれているという意識がもっとないと、愛国心がもてないと思うんです。だから、「神の歴史を創《つく》るべく　太平洋の初日の出」（幕屋聖歌一七六番）なんていう言葉は、そういうところから言っているんです。そうでないと、どうしても現実的になってきません。秦《はた》氏の問題を私が取り上げるのは、多少とも聖史というものに対して貢献したいという気持ちからです（一五三ページ参照）。

メシアの来臨

ユダヤ人たちが「なぜ、マクヤはクリスチャンなのに、イスラエルをこんなにまで喜ぶのか」と不思議がります。幕屋の皆も、「そうね……？」と言って、はっきりしないだろうと思う。それで、聖なる歴史の担い手という立場から、もうちょっと概念を明確に規定するために、「新シオン主義運動」を興そうとやっているわけです。興すといっても、もう興っているんですが、それにそういう名前で呼ぶと、皆が「なるほど」といって分かる。そして聖書の読み方がもっと現実的になります。

メシアが来臨するとは、霊的なことです。けれども、聖史というものが分からないと、なぜ「来年こそエルサレムで会おう！」とユダヤ人が二千年も言い続けてきたのかは解けません。

エルサレムの嘆きの壁に行くと、ユダヤ人たちは皆、メシアが来臨するまでは、と待ち望んで祈っていますね。あそこがなぜ聖所であるかというのは、物質的な神殿復興という意味じゃない、もっと霊的な意味でハシディームがあそこに来てずっと祈っている。

メシアはオリーブ山に現れて、なおこの石垣の上に立つと信ぜられている。それは伝統だから、これを善いとか悪いとか言ったってしょうがない。そういうことの上にずっと続いてきている聖書の思想だからです。それを踏まえた上で考えると、聖書が生きていることが私たちに分かるわけです。だから私が言うのは、いわゆるホーリネス派のご再臨とは違います。

聖書的には旧約聖書以来、メシアは何度も来臨する。メシアはたびたび来臨して、イエス・キリストとしても現れている。出エジプトした時にも、一緒にイスラエル民族を導いた岩はキリストであったとパウロが言うが、その岩なるキリストが永遠のキリストです。

(参照・民数記二〇・八、コリント前書一〇・四)

歴史の上に立つ信仰

私は霊的な立場に立ってシオニズム運動を考えているのであって、ただ民族のシオニズム運動じゃない。世界の永遠のメシアの問題として言っているんです。それと、物事というのは象徴的に考えるから、あの「嘆きの壁」はメシアの来臨を待つという信仰的な意味を持っているということを私は言うわけです。それがハシディズム的なシオニズムです。それはバアル・シェム・トーブのハシディズムの刺激で起きたんです。そういう意味で聖書を読んでいないと、霊的といっても、何か神秘的なものだけに重きを置くようになります。本当に神秘的なものは、具体的になります。それは議論ではつながらない。それは信仰だから。

聖地、聖書、聖なる民の上に、聖なる歴史があります。聖なる歴史というときに幕屋も入ってゆけます。聖なる民だったらイスラエルの問題ですが、聖なる歴史というときに、これはパウロが異邦人に伝道したように、ユダヤ人以外の者でも世界的な意味において聖なる歴史を担うことができる。歴史の主はメシア、キリストです。詩篇二篇に書いてあるとおりです。ヘシェルもそういう立場を取っています。メシアは自然界の主であるだけでない、歴史の主でもある。

これはホーリー・ヒストリーという立場をもっていないと分かりません。聖史の上に立つと、信仰が個人主義を脱することができる。今のプロテスタントのキリスト教が個人主義であるのはどうしてか、歴史の観念がないからです。

（一九七二年七月二十四日）

第二部　巡礼紀行より

聖地を旅して　最初の巡礼紀行（一九六一年）

——空虚な墓所に泣く

私は、聖書を講ずる者として、一度、聖書の背景をなす聖地を見たい、かつてモーセが立ち、エリヤやエリシャやダビデが生まれ、幾多の偉大な預言者たちが発生した土地——パレスチナを見たい、わが主イエス・キリストが人間として一たび歩きたもうた土地を見たい、と以前から念願しておりました。

この夏、山本慶治先生（注・出版社の培風館《ばいふうかん》創立者）のお書きになった『恩寵《おんちょう》の回顧録』の中に"Where there is a will, there is a way."「志ある所、道あり」という言葉を発見したとき、私は「そうだ、志そう！」と思いました。

多くの人は、「道があったら、金があったら、助けがあったら志そう」と思いますが、物質力以上に精神力の優位を知る者には、精神によって物質すらも動くものだと知っております。少しの金もない、道もない、行く方法も分からぬし、旅券も下りそうにない。しかし私は行くのだ、と決心しました。

いよいよ、「行くんだ」と信じたとき、不思議に道が開かれ、旅費もあり余るほどに備えられて、ついにこうして、無事行って帰国することができました。使徒パウロも、「我、必ずローマを見るべし」と言い切って、ついに囚人となってでもローマに行きましたように、信仰は、願い望むところを確信し、見えざるものを実証し、実現しゆく生活でなければなりません（ヘブル書一一・一）。

砂漠に発生した宗教

聖地――これを一口に言うならば、日本の気候風土とは、全く違った砂漠地帯である、ということです。

恐ろしいほど荒漠たる砂漠、その中から発生したのが聖書の宗教であります。日本人が、聖書を読んでも十分ピンとこない、考えても考え切れない一つの大きな理由は、山紫水明の国に育って、砂漠というものを知らないからであります。

とにかく、インドの西のはずれのヒンズスタンから、アラビアを経て、北はトルコ、南はエジプトに至るまでの広大な中近東一帯は、大部分が砂漠か、またはひどい荒地です。六千メートルの上空から見ますに、日本の数倍もあるイラン高原は果てしなく、そのことごとくが荒寥《こうりょう》たる砂漠地帯であるのに驚きました。

イラン高原の南西、ザクロス山脈近くを飛翔《ひしょう》していると、何か赤黒い、噴火口のようにくぼんだ小さな点々が、幾つも並んで見えます。何だろう、と訝《いぶか》りましたが、あとで聞き知って驚いたのですが、それは砂漠の地下にある大きな岩盤の亀裂を利用して造った、地下の貯水槽です。水が蒸発しにくいように砂をかぶせてある、カナートというものだそうです。おそらく、百メートル平方もあるような大貯水槽ですが、こういう大土木工事が三千年以前に、大砂漠の真ん中に構築されていたというのですから、古代文明は大変なものです。こういうカナートのある所は死滅した都会の遺跡でしょう。付近の土の色が黒く変わって見えます。今では放棄されたままで、利用されずにあるのは惜しいことです。

中近東一帯には、ほとんど雨が降りません。九、十月といっても灼《や》けるような日射しです。それでも、機上から見ると、大砂漠の中に、点々と緑色の部分が見られます。おそらく地下水を汲み上げて、人工的に緑地化しているのでしょう。地表は、水一滴の湿度もなく乾燥し切っていても、地球の内部は非常に水分豊富なことが分かります。

「砂漠に河が流れる」（イザヤ書四三・二〇）というが、砂漠の中をチグリス、ユーフラテス河が蛇のように曲がりくねって流れているのが、異様に見えます。河の流域には?と見ると、全く緑色がない。つまり、河の流域には草木が生えていないのです。なぜ、砂漠の真中に緑色があり、大河の流域には植物が生えないのだろうか？　これは、私に疑問でした。

砂漠には疑問なことが、いっぱいにあります。乾燥し切った水のない砂漠に、人間は、どうやって天幕を張って住むのだろうか？　ベドウィン族の生活は不可解でした。

アラビアの遊牧の民は、水の蓄えを余分に持って歩いているようでもないのに、あの歩みののろい羊や山羊《やぎ》をのろのろ追いながら、どれだけ行っても草木一本生えていない荒地の中をどうやって歩いてゆくのでしょうか？

砂漠の太陽の暑さというものは、ジリジリと刺すように暑いので、余程に身体が健全でないならば、たちまち日射病にかかって死んでしまうでしょう。

「緑がない」ということは、「生命がない」ことです。大自然の威力の前に、いかに生命が弱いものであるか！　私は、よくもあのような所を歩いて来たものだ、と今では不思議でなりません。何か大きな力の保護を仰がなければ、とても生きられない、生きる不安と切実さが、砂漠に住む人にあります。ここに宗教が発生する理由があります。しかも、その宗教は、緑豊かな日本やインドで見られる宗教とは、どうしても自ずから理解の仕方が異なってくるのも当然であります。

歴史の古い流れに感動

レバノンの国は、古代フェニキア人が住んでいた地方ですが、その首府ベイルートに着きました。ベイルートは人口五十万、フランス風な色彩の近代的都市です。

海辺のホテルに泊まりましたが、地中海は透きとおって深緑を見せ、折々の海の変化は実に美しいものでした。果物の豊潤なこと、料理の美味《おい》しいこと、インドやペルシアではまずい味だっただけに感心しました。

このベイルートの北の方にナール・エル・ケルブ（犬の河）という渓谷があります。海岸まで続くその白い岩壁には、実に六千年前の象形文字や楔形《くさびがた》文字、ギリシア語、ラテン語、アラビア語、更には、英語やフランス語に至るまで、さまざまな言語で書かれた碑文が刻みつけられていたり、彫った石がはめこまれていたりしました。

この付近は、太古から要害の地であったらしく、多くの帝王たちがこの地を征服しては、戦勝の記念の文字を彫り遺して通過しておるのです。ここには、歴史以前の判読できぬ文字まで残されています。

歴史に分かるところを読むならば、ラムセス二世（紀元前十三世紀、モーセの頃、ピラミッドやスフィンクスを造ったエジプトの大王）が、当時小アジア方面にいた古代民族の一つであるヒッタイト人を征服すべく遠征の途上、ここを通ったという史実が彫ってあるし、また、バビロンの王ネブカドネザルが、シリアとこの付近を征服したということも記されてあります。

新しいところでは、ナポレオンがシリア地方を遠征したとき、ここを通過したとか、更にもっと新しいところでは、第二次大戦中、英仏両軍が一九四一年にシリアに進駐した、ということなどが石碑に書いてあります。

また、ペテロはこの付近の港から、ローマの伝道に出かけたと伝えられます。

実に六千年の歴史が一カ所に集められたような、このナール・エル・ケレブの渓谷に立ったとき、歴史の古い流れを今一目で見るようで、不思議な感動に打たれました。

J・E・ルナンの『イエス伝』ほど、ありありと美しい描写でキリストを書いたものは少ないが、それは彼がこの近くの山に籠《こも》り、ここを根拠として、百年前、まだ危険なエルサレムに、ガリラヤに何度も出かけて、イエス・キリストの歩いた所を、実際に自分の足で歩きながら書いておるからです。彼の尊い仕事を助け完成せしめた、姉アンリエットの墓もこの地にあります。見れば見るほど、聞けば聞くほど、「古い歴史の流れ」を見つつ、聖地の第一歩から、私は何か異様な感激にうち震えました。

ありありと聖書を読むためには、私はこの地に来なければならなかったのだ。生きたキリストを伝えるため、神様が私をここまで来させてくださったのだ、と思って、泣きたい気持ちでありました。

刺激に反応する強い民族

ベイルートから海沿いに南に下ると、イエス・キリストがその付近を通られた、ツロ、シドンがあります。このあたりの民族は、古代の貿易民族として、植民都市を有して、非常に繁栄を得ていました。

パレスチナからフェニキアにかけての聖地と称せられる地帯は、歴史的に特異な地歩を占めている場所です。四、五千年前の古代に人類の大文明が二つの地域――チグリス、ユーフラテス河の流域（メソポタミア）とナイル河の流域（エジプト）――に発生しました。この二大文明が、互いに遭遇し、衝突し合う通路となった歴史の舞台こそ、このパレスチナ一帯であります。

人間というものは、異なった刺激を受けると、自分の知らなかった反応を示して対処するものです。弱い民族性でしたら、異なった文明に萎縮《いしゅく》するか、同化されるかでしょう。しかし、強い民族は、異なる文明に対してその民族性独自の反応を示して、自分を完成してゆくものであります。

フェニキア人が、地中海を舞台に国際貿易をして栄えたこと、また、南の方にユダヤ民族が天才的な宗教人を続出せしめたことも、こういう異なる文明の刺激に試練され、魂が精錬されたからだ、と私は思いました。

砂漠の星は、大きく光って神の黙示のごとくに、宗教人に霊感を供します。ここほど、たくさんの宗教がひしめき集まって、もみにもみ合っている所は地球上にありません。「宗教とは何か?」を勉強するのに、大切な特殊な土地柄です。

シドン城に祈る

まず私は、海沿いに自動車を南に走らせて、シドンに行きました。古いシドンの町、その海辺の城壁に来ましたとき、私は城壁にひざまずいて祈りました。

「主よ! ついに来ました。遠い日本、極東の果てから来ました。かつて主よ、貴神《あなた》が人間として地上を歩きたまいしときに見られたこの山、この海を、私は今ぞ見ます。

世は移り、シドンの町はもう変わりました。

山も二千年前の面影はなく、すっかり禿《は》げ山となっております。

しかし、大空は大海に連なり、昔ながらに寄せては返すしぶきを打っております。

主キリストよ、貴神が見たもうたと同じ空を仰ぎ、同じ海、同じ空気を今、私も吸っております……」

こう祈り始めますと、もう熱い涙が頬《ほお》を流れて尽きません。祈り声は吹きしきる風に巻き去られてゆきます。

遠い山の彼方《かなた》から、何か激しい風にゆられて声が聞こえてきます。女の激しい、叫ぶような声！　それは、異邦ツロ、シドンの女が、イエスに向かって、「主よ、娘をお助けください。小犬も食卓から落ちるパン屑《くず》を食べるではありませんか！」といって叫んだあの声が、風にのって、きしるように異様に聞こえて来るようでした。

私は、いたたまれない思いがしました。異邦の民が救いを求めるこの叫びに、一体どうしたら答えられるだろうか！　私は、この地にやって来て言葉が通じない。アラビア語もフランス語も、話せないではないか！

しかし、イエスとても、それは同じであられた。恐らく、ツロやシドンの女と、十分に会話がお出来にならなかっただろう。しかし、それにもかかわらず、異邦人の女は救われたではないか！　言葉の障壁を乗り越えてでも、イエス・キリストの宗教は、なぜ、全地球上に広がっていったのか！

激しい風と、怒濤《どとう》の逆巻く城壁下に、私はキリストを仰ぎ、泣いて祈りました。

言語の障壁を超えた神癒

その後、ヨルダンの首府アンマンに行きました。夕方、町を歩いておりますと、バスから突然、アラビア人の若い夫婦が転がるように泣き叫んで降りてきました。何だろう、と思って見ると、赤ん坊がひきつけて、もう死にかかっています。叩《たた》いても、さすっても子供は意識がなく、昏睡《こんすい》して、はや硬直しかかっています。両親は、狂ったように叫んでおります。アラーの神に祈っています。

すると、一人の女が店の中から、バケツに水を一杯汲んでやって来ました。何をするんだろう、と思って見ていると、「死んじゃいかん、眠っちゃいかん」と、水を赤ちゃんにぶっかける。私はびっくりしました。

危ない！　そんなことをしたら、心臓麻痺《まひ》を起こして、すぐ死んでしまう。

「水をかけてはいかん！　そんなことをしたら死んでしまう！」と私は英語で叫びました。言葉は通じないし、手を触れて、もし子供が死ぬようなことがあったら、私はどんなひどい目にあうか分かりません。しかも、現に子供は死にかかっているのです。

私はたまりませんでした。母親の叫び声があのツロ、シドンの女の「娘を助けてください！」という叫びのように私に迫ってきます。私は、「キリストよ、あなたは言語の障壁を超えてでも、お働きになりました。貴神《あなた》の御栄光は、この異邦人にも現れます。今こそ、貴神のお働きになる機会です」と、我を忘れてその人々の中に飛び込み叫んだのです。

"Jesus Christ is the living God! Believe in his healing power!"

アラブ人には通じなかったでしょう。しかし、私は一瞬、天使のごとくでした。神の臨在は力をもたらし、私は自分を忘れて熱誠に燃えていました。彼らも必死でした。必死と必死、そんな時には言葉以上に心が通じます。私は、子供に按手《あんしゅ》して祈りました。すると、どうです。たちまちに硬直した顔はなごやかになり、子供はすやすやとして、何か平安そうな微笑《ほほえ》む顔になるじゃありませんか。それを見て、アラブの人たちは、しきりと私に拝むように、感謝の表情を示しました。やがて、近所の自分の家に抱っこして帰って行きました。

これはヨルダンの砂漠の町、アンマンの大通りにおける出来事でした。私は感謝しました。

「主よ、貴神は、生きていたまいます。もしまかり間違えば、袋だたきにあうような危ない事でした。言葉も通じない中で、よくも貴神は、御臨在のしるしを賜《たま》いました」と、その夜、ホテルの一室で私は祈りながら泣きくれました。

日本では、こんな神癒の奇跡は余りにも多く、私の周囲に起こっておりますので、何も特筆すべきことではありません。しかし、言葉の壁を破ってでも、求める者に神の霊が働き、救いたもうことを体験したのは、私にとって大きな発見でありました。初代教会の人々は、このような超絶的な力を知っておったからこそ、民族、言語を越えて、異邦伝道が成功したのだということが分かりました。

聖書の地を一人行く

私は憧《あこが》れて聖地にまいりました。サマリアに、ガリラヤに、エルサレムに、ヘブロンに、また、だれも人の行かない南のネゲブの恐ろしい砂漠を越えて、昔モーセがさ迷った荒地に、「死の谷」と言われる奥地に、紅海の海辺エイラットにも行きました。

モーセが何度も籠って祈ったというセラの地、アロンが死んだとされるホルの山、「ペトラ」と呼ばれる地をも訪ねました。ペトラは不思議な遺跡ですが、今も旅人にベドウィン族が襲来して、略奪するそうです。そんな危険な所に行ったのですが、警備の駐在所の所長が、「あなたは、一人で来たのか?」と驚いていました。

ペトラの中心の神殿まで行く道は、シークと言って、高さ百米から三百米もある岩の深い割れ目の峡谷（狭い所は二メートルしかない細い道）を何と二キロ近くも歩いて行くのです。岩が重なり合って、空も見えない小暗い所を通らねばなりません。ペトラは大自然の造った、一大要塞《ようさい》地です。着いてみると、全山至る所が木も生えない岩山ですのに、何と、その岩山の全山くり抜いて、山全体が一つの神殿を形造っています。山全体が都市なのです。「死者の町」です。

ここは、イエス・キリストの時代（紀元前一世紀から紀元二世紀まで）に最も栄えた、ナバテヤ人の首府で、人口は十万、隣国ユダヤのエルサレムに拮抗《きっこう》するほどの大都会であった、というに至っては、驚くよりほかありません。古代宗教には「岩」が大きな意味を有しています。

その西方近くに、アイン・ムーサ（モーセの泉）という所がありますが、モーセが砂漠の中に、杖《つえ》で岩を打ったら泉が湧《わ》き出たというその所です。まあ雨一滴降らない、エドムの砂漠の山の中腹から、水道の本管が破裂したときのように、水がこんこんと湧き溢《あふ》れて、どうどうと流れ下っている（シークの裂け目も、この水流が穿《うが》って出来たものだろう、と推定されています）。日本は水の豊かな国ですから、ピンとこないかもしれませんが、こんな砂漠の岩山に水が湧くということは、この地方では実に大変なことです。そしてこの水のおかげで、こんな不思議な都市ペトラが生まれたのです。

「モーセよ、あなたは何と偉大だったんだろう！」

その水の美味《おい》しさは、また格別でした。

「シモンよ、汝《なんじ》の岩の上に我が教会を建てる。汝はペテロである」（マタイ伝一六・一八）と言われたイエス・キリストの御言《みことば》が、今、この偉大な岩山に来て意味深く思われました。「主よ、どうか、この私を岩として、この上に素晴らしい人間建築を成して下さい」と祈ったことでした。

このようにして、聖地を北から南まで、約一カ月間、歩けるだけ歩いて見て来ました。イエス様はこのあたりを歩きたもうた、信仰の父アブラハムやイサクやヤコブたちはこのあたりに住んでいた、などと伝わる所を探り、視察しました。

モーセが罪に泣いて、逃げさ迷った褐色のシナイの砂漠にも行きました。イスラエルを救った勇者ギデオンの住んだ所や、将軍ウリヤがダビデの謀《はかりごと》によって戦死した場所アンマン城も見ました。また、ヤコブが天使と相撲《すもう》を取ったヤボクの渡しを渡りつつ……私は瞑想《めいそう》しました。旧新約の聖書が生き生きと私に迫って来て、たまらない感激をもって酔える者のごとくに、聖地の巡礼をいたしました。

偽りのエルサレムよ！

聖地を歩いて、初めの間はほんとうに、私は由緒ある土地柄が懐かしくてたまりませんでした。

しかし、ある時から、急に空虚な淋《さび》しい気持ちになりました。ヨルダン国でも、イスラエル国でも、クリスチャンがほとんどいないのです。教会堂はあります。神父や尼さんはいます。しかし、信者のクリスチャンはいない。(少数いますが、他から逃げ来たったコーカサス人やアルメニア人、少数のアラブ・クリスチャンです)

アラブ人たちは、私が日本から来たというと、懐かしがってくれます。そして、「仏教徒か」と親しげに訊《き》きます。しかし、「クリスチャンだ」と答えると、淋しい顔をします。なぜそんな淋しげな顔をするのか?と訊いてみますと、「キリスト教は……」と言って、笑って軽蔑します。「あれは偶像教じゃないか。カトリック教会に行ってごらん。いっぱい壁画がかかっている。また、マリア像を拝んだりしてるじゃないか」と言います。

彼らセム民族は、古くから宗教的に目覚めた民族でして、最高の宗教が何であるかをよく知っています。それで、異教化した西欧宗教をさげすみます。また十字軍というものが、いかに残虐なことをしたか! 彼らは身に沁《し》みて忘れず、徹底的にキリスト教を嫌います。

なぜそんなにキリスト教を嫌うのか、とイスラエル人に尋ねますと、「イエスは私たちの祖先であり、偉大な預言者である。ユダヤ人は今もイエスを尊敬している。しかし、彼を神として崇《あが》めたり、神の子として信仰するところに、クリスチャンの間違いがある。真の宗教は、本質上、唯一の神、見えないヤハヴェ（実在の実在）を主（アドナイ）として信じることである。三位《トリニティ》の神なんて、宗教の堕落だ！」と答えます。

それで私は、「旧約聖書には、〝末の世には、メシア（油注がれた者）すなわち、神の霊が注がれた者が生まれる〟と書いてあるではないか？　それを信ずるか」と問いますと、「それは信じたい」と言います。

それならば、「イエスは確かに人の子であるが、しかし彼には、神の霊が、聖霊が、注がれていた。それでイエスという人間を通して、神の生命は、自己を表現したのだ。神の生命は、イエスにおいて花咲いた。花咲かない生命というものは、見ようがないではないか！　我々はこのイエスを通して、神の生命を見るのである。神の霊をもつのが神の子である。

イエス・キリストが神の子であるだけでない。キリストは、私たちにその聖霊を与え、私たちを御自分と同様に神の子とするために、地上に来たのである。私には、キリストの神霊が注がれ、今、神の子である」

と話しました。けれども、どうしても理解しません。彼らには、聖霊が注がれる経験がないし、また聖霊の人に会うことがなかったからです。

私は、この聖地でだれか、本当に神の霊が注がれている人に会いたかった。預言者に会いたかった。しかし「そんな人は一人もいません」と聞いて、私はほんとうに淋しいでした。

教会堂はいくつもあります。ゴルゴダの丘、サマリアの井戸、ベツレヘムの馬小舎、と伝えられる所など、みな大会堂が建って美しく飾られています。しかし、信者がいるわけではない。ただ坊主がいて、宗教商売をやっているだけです。「ここが馬槽《うまぶね》のあとです」などと言ってちょっとだけ岩壁にさわらせて、巡礼者を有り難がらせる。そしてお賽銭《さいせん》が上がるのです。

宮潔《みやきよ》めをなさったキリストがもし御覧になったら、この有様をどんなにお憤りになることであろうか!

また、その遺跡というものが、どこまで本物なのか怪しいものです。私は、何でも初めから疑ってかかるのはよくない、と初めの間はなるべく疑わないようにして見ていました。

しかし、あまりにも聖書からはずれている。私は、だんだん腹が立ってきました。ヘブル書には、「キリストは都の外に棄《す》てられたまえり」と書いてあるのに、ゴルゴダの丘が城内にある。キリストが十字架を背負って歩かれたビア・ドロロサ(悲しみの道)というのも、城内をただ少し回っているだけです。ローマ皇帝コンスタンチヌスの信仰篤《あつ》い母親が聖地巡礼に行くというので、急いで適当な場所を探し出して命名したことに始まり、ウソッパチばかりの遺跡です。偽りの遺跡で宗教商売をされては、たまらぬ気がしました。はるばると聖地に憧れてやって来たのに、キリストはどこにも居たまわない。私は淋しいでした。

聖地は地上にはない

ある日の夕べ、同行の久保田豊先生と一緒に、エルサレム城外のガーデン・トゥーム（園の墓）に行きました。これは、「アリマタヤのヨセフの墓所」と伝えられている所です。ここには教会堂も何もない。巡礼者を欺く宗教商売を見続けてきた私には、嬉しく思われましたが、やはり、何の飾りもない、うつろな墓を見ることは、人間として淋しいものです。

廃墟《はいきょ》の聖地にやって来て、偽りの遺跡を見せられた後に、今度は、空虚な墓を見たとき、もう、何もかもなくなった、という気がして、私はガックリしました。マグダラのマリアが、このうつろな墓の前で、「だれかが主のお体を取り去った」と言って泣き悲しんだように私も泣きました。なぜこんな所に来たんだろうか、あんなに意気込んで来たのに、意気込み甲斐《がい》がなかったなァ、と幻滅の悲哀を感じました。

けれども、しばらくそこでじっと祈っているうちに、「そうだ！　キリストの宗教はこれでいいんだ！　地上に何か見えるものを探す所に間違いがある。キリストは、墓を蹴破って天に凱旋し、今なお霊として生きて、御名を呼ぶものには、聖霊としてハッと臨み、助けたもうではないか！　そうだ、主イエスは復活す。墓は空虚であるべきだ！　空虚でよいんだ！」と私は、自分を説得しました。

「神は霊であるから、拝する者も、霊と真《まこと》とをもって拝せよ、何もエルサレムやゲリジム山で拝さなくともよい」(ヨハネ伝四・二四）とキリストは言いたもうたではないか！

皆さんは、何も聖地に行かれる必要はない。キリストの聖地といわれる所は、全く異教徒と偽クリスチャンの寄り集まりの場所でしかありませんでした。

ガーデン・トゥームの奇跡

この主イエスの墓で祈り終えて、私が出てくると、一人の髪ふり乱したアメリカ人のお婆さんが、墓の管理人の奥さんと抱き合って喜び合っていました。その様子があまり劇的なので、私は写真におさめました。

すると、そのお婆さんが、「できたら一枚ほしい」と言います。「送ってあげるから、宛《あて》名《な》を書いて下さい」と言うと、私に「書いて」と言う。いくらレディーファーストといっても、私からもらうんだから自分で書けばいいのに、と思いましたが、よく聞くと、実は腕が麻痺《まひ》して書けない、ということです。髪の乱れているのも、手が使えぬからでした。

「一体、その手はどうしたのか」と訊くと、「十七年前、太平洋戦争で日本軍のため、息子が戦死した、そのショックで急に麻痺した」と日本人の私を恨めしそうに見て言います。

「あなたはクリスチャンですか」と私が訊きましたら、「私は教会に通っているクリスチャン（これは米国では、熱心な信者の意）だ」と誇らし気に答えます。

「いくら教会に通ったって、本当のクリスチャンではない。本当のクリスチャンとは、生けるキリストと共に歩む者のことだ。なぜ、イエス様に治して頂きませんか？」と私が言うと、「いや、これは戦争の犠牲だ。日本軍のためだ。キリストの下さった十字架だ」と言い張ります。

「馬鹿なことを言うな！　キリストは信ずる者を救い、自由を与えるために来られたのだ。あなたはなぜ、あなたをいじめ、苦しめるようなキリストを信じておられるのか？キリストは、いつも我々を救おう、助けよう、としておられる神霊ですのに！」と言いました。

喜ぶ老婦人

「それは知っている」

「いや、知っとらん。知っとるなら、なぜ、呼べば応えるキリストに祈らないのか！」

「そうはいかん。医者が治らんと言うから、治らん」

「医者が治らんと言ったって、キリストは全能だ。治してくださるよ。聖書を読んでごらん。キリストは、もう見込みのないような絶望的な者をも癒やされたではないか。なぜあなたはキリストにお願いしないのか」

「私は祈り深い女ですよ。毎日何度も、イエス様に祈っている。だが、治らぬ。この病気は、日本軍が悪いからだ」

「あなたのキリストなんて死んだキリストだ。僕のキリストは生きておられる。この墓園の入口に何と書いてあるか！〃我は復活《よみがえり》なり、生命《いのち》なり〃と書いてあるではないか。キリストを信じているというのならば、信仰とはキリストが復活し、今も永遠の生命としていつも呼べば応えるように、必ず霊として働かれる経験をもつことをいうのだ。西洋のキリスト教なんか、間違っている」と本当のことを言おうとするから、私は語気熱して、まるで喧嘩腰《けんかごし》になります。するとまあ妙なもんで、べらべら英語が雄弁に出るのです。久保田先生が横に座っていなさって、びっくりなさいました。

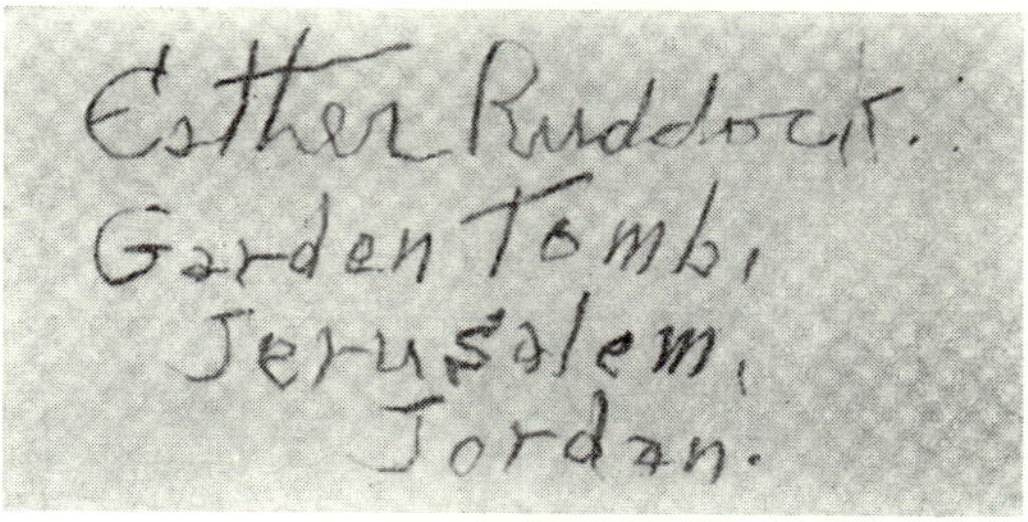

自分の宛名が書けた！

「とにかく、祈ろう」と言って、祈ろうとせぬのを無理やりに祈らせ、私は主イエスの名を呼んで祈りました。「さあ、イエスの名で命ず、手を伸ばせ」と言うと、「痛いから伸ばさぬ」と言う。

「のばせ！」と号令をかけたら、ハッと伸びました。手が上がるようになった。自分の宛名もちゃんと書けました。また、自分で髪が結える、ともう泣いて喜びなさる。「キリストは生く！」

見ていた人たちも、私が余り激しく言うものですから、何だろうと思っていたようですが、本当のことを言っているのが明らかなので、ジッと聞いていました。が、その場でたちまち癒やされる奇跡をみて、大層驚きました。

管理人の若いマーター氏は、「日本から、不思議な聖書の先生が来られた。〝我は復活なり、生命なり……〟というあの看板が、もう、偽りでなく本当だ、という証しが出来て嬉しい。どうか、もう一度来てください」と私に言われます。私のことがエルサレムで評判になりました。

キリストのために生き狂い、死に狂いせん

それで数日後の夕方（十月一日）、私はもう一度、一人で祈りに行きました。扉は閉まっておりましたが、激しく戸を叩きますと、管理人は喜んで迎えてくださり、丁寧に墓所に案内してくれました。ここに、主イエスの屍体《したい》は一夜、安置されたのだ……と思うと、私は、暗くなるまでただ一人、心ゆくまで祈る機会を得ました。

「主よ、貴神《あなた》は本当に『復活なり、生命なり』。この地は、聖地とはいいながら全く霊的砂漠です。古《いにしえ》のような預言者を見ることもありません。悲しいです。しかし貴神は、信ずる者には、こんな卑しい下僕を通してでも生きて在ましたもう、ということを、お示しになった神様でした……」と祈りつつあると、キリストの御声が、さやかに聞こえてきました。

〝お前を召し、ここへ連れて来たのは、今お前が感じているような理由によるのである。

私は、新しく、自分の宗教を霊的に甦《よみがえ》らすためにお前を選んだ。お前をここまで導き、連れて来たのだ。今後は、お前に期待するところが大きい〞と。私は身震いしました。

私は、誓いました。「主よ、日本に帰ったら、今度こそ、生き狂い、死に狂いして私は御召命に応えます」と、墓前で泣きつつ誓いました。私は感動に打ち震えました。乏しい弱い自分を顧みては意気阻喪しますが、キリストの臨在を仰ぎ、御保護を一層求める心が切なくあります。

次の霊的文明のために

欧米諸国を巡りましたが、キリスト教は宗教的生命を失って、すっかり形骸化《けいがいか》した儀式宗教に堕落しているのを見て、嘆かわしくありました。それと共に、恐ろしい悪魔の力が死の様相をいよいよ現しつつあります。米ソ二大国とその衛星国の間における憎悪と不信ぶり、第三次大戦の爆薬は、恐ろしく仕掛けられつつあります。各国が平和論議や軍縮会議の抗争でおどらされつつある間に、全地球を襲う〝死の灰〞は刻々と生産量を激増しつつあります。「来るべきものが来た」では、もう済まされません。

時は縮まれり！　ハルマゲドンの戦いは近い。最終の人類絶滅戦に備えて、ノアの方舟《はこぶね》を信仰の子らのために、作っておかなければいけない、と痛切に感じました。ここしばらく続く平和な時代を無駄にすることなく、生き狂い、死に狂いして伝道に時をかせぎ、私たちこぞって日本中からキリストの霊的後裔《こうえい》を緊急に集めねばなりません。

欧米諸国を見て、科学、芸術、政治、産業などについては、学ぶべきところ多々ありますが、しかしキリスト教の信仰については、何ら彼らに学ぶべからず、と思いました。

「欧米のキリスト教会から、もう聖霊が去っている」と私がニューヨークの聖公会牧師U博士に嘆くと、彼は「そのとおりだ、聖霊の器なんてほとんどいない」と平気で言うので、あきれました。

今やキリスト教は西洋の思想や習俗と混合して土着化し、堕落して異教化しています。キリスト教がもう一度、原始的な生命を息吹き返すためには、日本列島を要します。これこそ大和民族が世界史に負う大使命です。

（一九六一年十一月十九日）

心の旅路

――シュタイナー夫人を訪ねて（一九六五年）

（編注）著者は、アメリカの全福音《フルゴスペル》運動の聖会に招かれ、一九六五年二月、日本からただ一人参加しました。主催者のディモス・シャカリアン氏と一千名の聴衆を前に、著者は原始福音信仰の証しをし、深い感動を与えました。その後、著者はイスラエルへ旅を続けたのでした。

急にアメリカを離れてイスラエルに行きました。それは去年の夏日本にやって来られたキブツ・ヘフチバのフリーデル・シュタイナー夫人が病気で倒れたというので、訪ねに行こうと思ったんです。

シュタイナーさんは脳腫《のうしゅ》といって、脳の中にできものができて、それが大きくなったために狂乱状態になって、意識不明で倒れなさった。大学病院で、頭蓋骨《とうがいこつ》を割って脳みそのできものを取るという大手術でしたが、私が行きます一週間前に切開されると、もう患部が深くて摘出は不可能でした。日本人の留学生が案じてシュタイナー夫人のために祈りました。また、日本の各地からたくさんの手紙が来ておるんです、ユダヤ人からは来ずに……。

ところが、脳の手術後に、うわごと言いながら、うわごとがみんな日本人のことばかりです。だれはどうしているだろう？　彼はどう？と。

それで看護の人たちが、「一度、二カ月ほど、日本に行っただけなのに、こんなに偉大な影響を与えるとは何だろう。そして、この人は幸福だ、人間の晩年、こんな喜びというものをもつとは、何にも代えがたいものです」と驚いていました。

ベルグマン博士と共に

翌日、病院に訪ねてゆこうと思いましたら、ちょうどヘブライ大学のフーゴー・ベルグマン博士 Dr. Samuel Hugo Bergman、八十二歳の有名な宗教哲学者は、私が来たということを聞き込んで、「ぜひ手島に会いたい、それじゃ、私もシュタイナーを見舞って、病院に

ベルグマン博士夫妻と共に

行って会おう」と言われたそうです。

「そうおっしゃるんなら、私がベルグマン先生のお宅をお訪ねしよう」と言って、行きましたら、非常に喜んでくださいました。

驚いたことに、このベルグマン先生が、宗教哲学者として、「原始福音運動は宗教史に新しいページを加えるもので、新約聖書の信仰を一歩進めたものである」と言われました。

また、私が特に聖なる光（オロット・ハコデッシュ）こそ聖書にとって大事な経験で、ダマスコ城外でパウロが聖なる光に打たれたように、またイエス・キリストがそうであったように、モーセがホレブの山で聖なる光に打たれたように、聖なる光（オロット・ハコデッシュ）に打たれる重要性を、かねがね語っていますということを申し上げたら、非常に喜んでくださった。

大変興味をもたれて、ベルグマン先生が、「どうして私たちの強調している、あの思想を採用しているのか」と聞きますので、「いや、採用じゃない、聖書がそうである」と答え、お互い、そうだ、そうだと言って、話が尽きませんでした。

シオニズム運動、イスラエル国の再建に非常に思想的な役割を果たしました、アブラハム・イツハク・クックというラビがおりました。このラビ・クックの中心的思想が、オロット・ハコデッシュの思想です。日本にも、このオロット・ハコデッシュの思想同様な、南無大師遍照《へんじょう》金剛《こんごう》の「遍照金剛」という思想に生きた不思議な人物で弘法大師という人物がいる、ということを話しましたら、えらく不思議がっておられました。

「なお、私はクックについて、非常に知りたい」と言いますと、ベルグマン先生は、「自分はクックを親しく知らない。しかしクックの友人だった者と非常に知り合って、クックのことを知ったが、クックはヒトラハブート（灼熱《しゃくねつ》の歓喜）の人だった。実に魂の喜びを燃やしておる人であった。

信仰にとって一番大切なことはヒトラハブートである。天にも昇るエクスタシーの喜び——主の御前にある霊の喜びである。喜びを失った信仰はなんにもならない。天に通用しない。地上での信仰のバロメーターは喜びである。霊の喜びに燃やされて生きる、ヒトラハブート、これが新鮮な創造の原動力である。

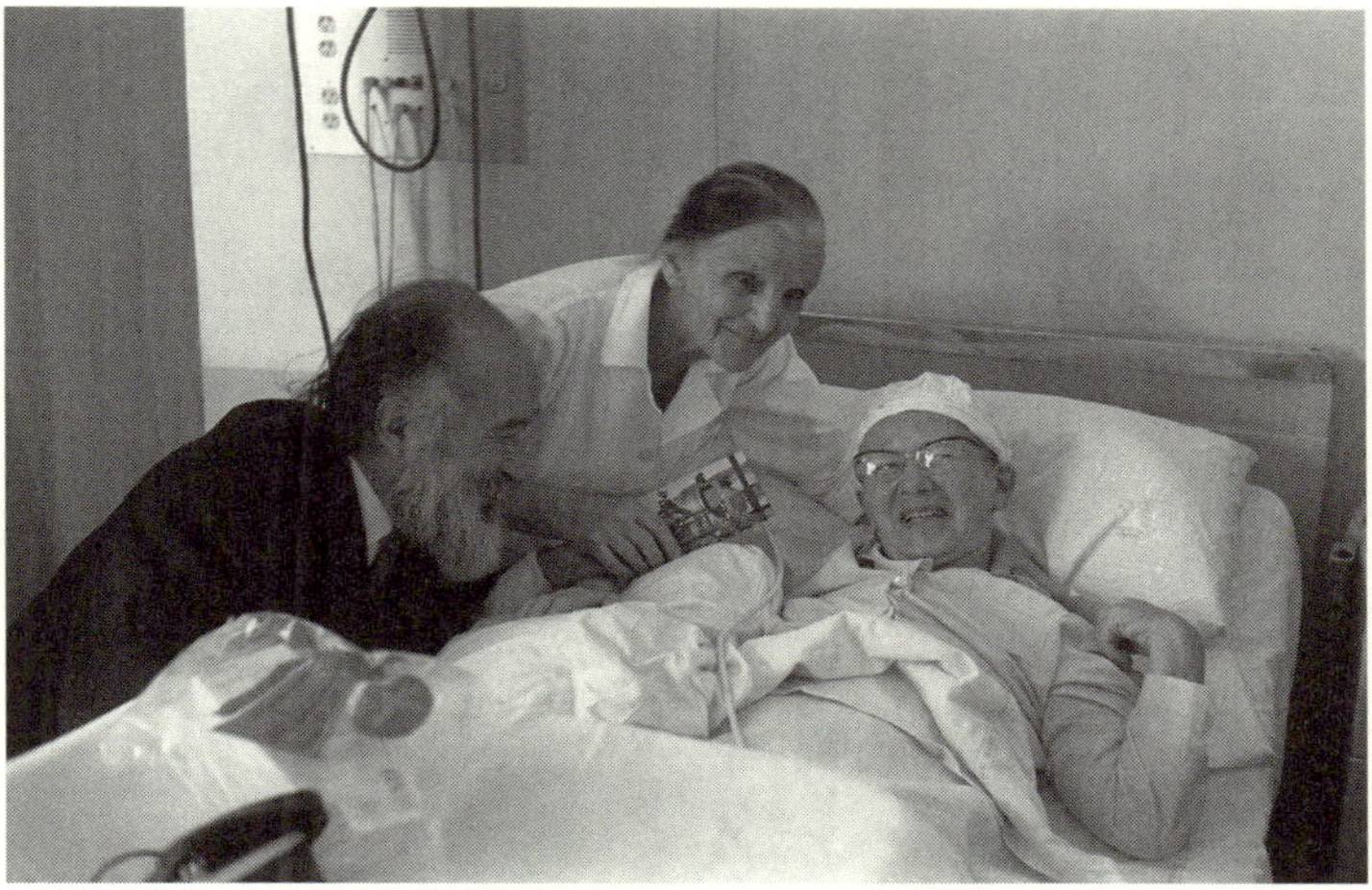

シュタイナー夫人を病床にたずねて

新しい偉大な仕事をしよう、と思う者は、みんな自分を忘れるくらい燃え上がる喜びをもっている」と話され、私も「そうです、そうです」と日頃の考えがそうですから、話が合いまして楽しいでした。そして、一緒にシュタイナーさんの入院しているハダサ病院を訪ねました。

シュタイナー夫人の変貌

私が行きますと、シュタイナーさんは喜んでくださいました。かつては、信仰のない人でした。しかし、行きましたら、「手島先生、祈って」と言います。ベルグマン先生がびっくりしました。彼女に信仰心の起こったことを喜ばれました。

「たくさんのクリスチャンが私のために祈ってくれるから、わけても手島先生がこうやって訪ねてくれれば、もう私に奇跡が起きますよ、もう私は救われた。治らずにおれるものですか」と嬉しそうにシュタイナー夫人が言いますから、ベルグマン老先生ご夫妻も目を丸めて、眺めていました。

私はことさらに祈ることはしませんでした。けれども、立ち去るときに、「もう私は治った。手島先生が来たから治った。私の麻痺《まひ》した体にさわってくれたから、これで奇跡は起こる」と、シュタイナーさんが喜ばれた。

翌日、キブツ・ヘフチバへ電話がかかってきました。「シュタイナーは、半身麻痺しておったのが、早くも歩き始めて、手足も自由になった」と。それでヘフチバの村中が驚きました。「プロフェッサー・テシマは、なんて奇跡の人だろう」と言って、異例な治癒を病院でもびっくりされました。

私は神癒が嬉しかったんじゃない。このようにユダヤ人が信じてくれる、ということが嬉しかったんです。信じることなくして奇跡は起きないんです。奇跡は信仰の子、信仰の結晶だからです。誇り高いユダヤ人が私たちと一つになって信じ合う、不思議な神の救いを共に信じ合って、実に嬉しいでした。主治医は「こんな不思議な急激な治癒をいまだかつて知らぬ」と公言されました。

ベルグマン先生がしきりに言いました。「フリーデルは幸福だなあ、晩年、このような宗教経験をもつに至って、幸福だったなあ。私はフリーデルに代わってお礼を言います」と。

また、シュタイナーさんの甥《おい》、ヨシュア・アリエルさんはヘブライ大学のキリスト教史の教授をしておられて、大学で枢要な教授の地位を占めておられる。この先生が、本当に感謝されました。

「私の叔母《おば》は無信仰者でした。唯物論者でした。しかし、日本人のクリスチャンに触れ始めてから、宗教心が開きました。そして、今は、神に祈ることなしに、聖書を読まずに過ごせぬ叔母となりました。あなたがたはなんと不思議な民でしょう」と。

このようにアリエル教授とヘブライ大学の一室でしばらく話し合いました。

「キリスト教史上の特筆すべき出来事」

私たちはなんという不思議な民だろうか。西洋人が、一番苦手とするユダヤ人に愛され、また我々もどんどん感化を与えている。これは小さな事ではないと思います。

今回アメリカで、オットー・ピーパー先生の招きでプリンストンに参ったときのことです。プリンストン大学は立派な大学です（ピーパー教授は、同大神学部教授）。

そこで二十数名の神学部の教授を集めて、「日本から来た手島の話を聞け」というわけで集まりが開かれました。その席上、ピーパー先生はこう言われました。

「皆さん、今ここに日本から来た私のお客がある。この人の名前をアメリカ人はほとんど知らない。しかし私は二年前、この人に招かれて日本に行って、ただまあ聖書講演の講師として招かれたつもりであった。しかし帰って来てから発見したことに、私は教えに行ったよりも、かえってどれくらい多くのことを学んだか、ということでした。私はそれまでの七十年間の信仰に大教訓を与えられ、私は変えられてしまった。これは日本の原始福音運動の影響である。わずか十日あまりの日本滞在であったが、今に至るまで、どのように深い影響を与えられつつあるかは、日本に行く前は予想もしなかったことです。世界中のクリスチャンの有識者が、この原始福音運動のことを知って驚き、この人に聞く日がきっと来るでしょう。この人の思想、またこのグループの信仰や生き方が世界に紹介されたら、大反響を巻き起こす日が来るに違いないことを、私はよく知っています」

神学校も出ていない一介の伝道者の私を、大神学者がこんなに言って紹介するものではありません。しかしピーパー先生は熱をこめて原始福音運動を紹介されました。

またピーパー教授はこうも言っておられました。

「この日本の原始福音運動について特に注目すべき一つの点は、彼らが若い青年たちを今まで四十人もイスラエルに送って、そこで青年たちがユダヤ人たちと実に仲良くやっている。これは実にキリスト教の歴史上、特筆すべき出来事である。同じ旧約聖書を共に原典としながら、ユダヤ教徒とキリスト教徒とはどうしても融和できないで来た。今に至るまで、どんなに西洋人が努力しても、融和できない。しかし日本の原始福音の人たちは、実に仲良くユダヤ人たちと一つの聖書を学んでいる。キリスト教もユダヤ教も、一つの聖書から出たものです。一致できないはずはない。今や西欧のキリスト教ではそれをエキュメニカル（世界教会の一致）化の機運が兆しているが、しかし日本の原始福音はそれを一歩進めて、ユダヤ教徒と仲良く協調して助け合っている。それは大いに学ばねばならぬ点だ」と、神学者たちを前にして言われました。

確かに私たちの信仰は世界に類のないものです。なぜか？　聖書の結論――黙示録の二一、二二章を目指しているからです。これが新約聖書のクライマックス（絶頂）であり、理想であります。それを現代において強く我々が目指している。だから欧米の神学者たちも、目を大きくして私たちに聞こうとするのだろうと思います。

これはピーパー博士から言われてみて分かったことですが、西洋人の目から見ると、実にユダヤ人との融和は大きな出来事に映るのだ、と思います。我らには至極当然なことなんですが。

この問題について、ヘフチバでコーヘン氏（物理学者）と話し合ったことですが、彼は「西洋のキリスト教徒から過去に受けた被害が余りに深刻なので、過去が現在を制約し未来を不安がらせる。しかし、日本の幕屋には過去がない。今、新しく発生したグループである。しかも、現在がはなはだ善い。それで、我らユダヤ人が日本の幕屋の民を愛するのは当然だ。現在の信仰ぶりが最良であるからには、我ら相互の未来関係も、最良に続くに決まっている」と言われました。

もっと親密な相互関係に

テルアビブでは、ヒスタドルート（労働総同盟）に行きまして、ユーディット・シムホニート女史に会いました。そして、幕屋から川瀬勇先生（農学博士）がイスラエルのキブツに出かけられ、キブツの視察かたがた農村問題について協力されることとなりました。これも我らの特異な親イスラエル関係をシムホニート女史が認識されたからに他なりません。

ただ精神的な交わりでなく、キブツを日本人の農業学者が指導して、新しい協力関係を一層打ち立てることとなりました。こんな民間外交は、他の人々から見ても、大いに驚きらしくありました。シムホニート女史は、ヒスタドルートの国際局長であり、クネセット

（国会）議員にも選出されている、知名な婦人政治家なのです。

今まで幕屋の青年たちが四十人くらいヘフチバに行って大変お世話になりましたので、ヘフチバ村の前村長ダニー・アグモン夫妻を、近く日本の幕屋に迎えて感謝したいと思っています。ヘフチバのキブツは農業だけでやっていますが、なかなか農業だけでは経営がやれません。なにか加工業でもやらなければなりません。それでも良い加工業がありません。自転車の加工場を造ってあげようと思って、自転車を送りましたが、すでに三カ所でやっているキブツがあるといいますから、グラスファイバーの仕事でも始めようということとなりました。「それじゃあ日本に来なさい、原料その他どうやって加工するか、研究に来てください」とお呼びすることとなりました。

私たちの精神運動は始まったばかりですけれども、いよいよ不思議な感化と国際交流をなしつつあります。

（一九六五年三月十七日）

シオンに帰れ！

――第六次聖地巡礼（一九七一年）の帰国報告より

シオンの旅路より昨夜帰って参りました。二週間という慌ただしい旅でしたが、このたびほど一行が祝され恵まれた巡礼はありませんでした。聖地を訪れるそもそもの動機は、東京幕屋の霊園を高尾山に造ろうというので、その設計にあたって、私は古代イスラエルの王族墓の形式を参考にしたいと考え、その下調べに行こうということがキッカケでした。

昔、イスラエルの王侯貴族たちは岩盤をくり抜いて大きな墓を造り、一族が一カ所に葬られていきます。イエス・キリストは貴族アリマタヤのヨセフの墓に一夜を葬られたというが、そこが園の墓「ガーデン・トゥーム」として今も残っています。週の初めの朝、女たちが墓に行ったところ、入口の大きな石がころがしてあり、墓が空っぽだったので「主が取り去られた」と言ってマリアが泣いていたという。——こんな記事を読んでも、何のことか日本人には分かりませんが、現地に行って実際に見ると、なるほどと分かります。

それで、園の墓やヘロデ王の墓など王族式の墓の様式を調べて、聖書に因《ちな》んで珍しい墓造りをしたいと思ったのですが、希望者があれば二十五人ほどの小団体で行こうと思って発表したところが、八十人以上の申し込みがあり、ビックリしました。

恩寵の潮に

イスラエルは、私たちが着く前日までは雨だったのが、エルサレムに入城した日から、カラリと晴れ上がり、雨の日は一日しかありませんでした。その雨の日はバニアスに行ったのですが、ヘルモン山の麓《ふもと》はひどい雨でしたのに、ピリポ・カイザリヤの遺跡に一行が佇《たたず》んだ十数分間は、雨が急にあがって晴れました。

ヘフチバでも、エイン・ハショフェットのキブツでも大歓迎され、またテルアビブの市中行進中にも、道ゆくユダヤ人が歓声をあげて感動の余り、涙を流しながら私たち一行を迎えてくれました。人間の仕組んだプログラムでは想像もつかぬハプニングが次々と起こって、祝しに祝されました。

今回の巡礼団の人たちは貧しい者ばっかりです。先回の巡礼団には、山崎十郎先生とか八木一文先生とか大学教授の方たちもご一緒で、私たちも何だか晴れがましい気持ちの旅でしたが、今度は英語もロクにしゃべれぬ者たちばかりでした。

しかるに、イスラエル政府は、私たち一行のために閣議を中止してまで、アロン副総理や教育長官が出迎えて、歓迎のメッセージを述べられたりしました。イスラエルの十紙に余る各新聞社が競って報道し、「マクヤ・グループのような巡礼はイスラエルの歴史にかつてなかったことだ」と言って歓迎してくれました。テレビでも、二度にわたって全イスラエルにニュースを放映しましたので、行く所どこでも、だれでもが、「ああ日本人だ、あなたたちのことはテレビで見た」と言って歓迎してくれました。

最後の夜、テルアビブのサムエル・ホテルでリセプションが開かれましたが、エラド・ペレッド、ウジ・ナルキスの元将軍はじめ、中部軍司令官のモーシェ・ペレッド将軍も、明日は対アラブ戦の停戦切れ、という重要な時にわざわざやって来られました。イスラエル国の要職にある人々が席を連ね、赴任早々の都倉栄二大使も出席されたりして、大いに驚きました。私たちは何も計画していないのに、私たちを取り囲む恩寵《おんちょう》の潮《うしお》に夢見る者のようでした。

西の壁での黙示

私は今度の旅行で、実に驚くべき神様の見物を見てきました。その次第は、こうです。エルサレムに着いて、ソロモンが築いたという「西の壁」に行ったときでした。皆さんと共に壁にすがって祈っていましたが、神の御声を聴きました。

『我はアブラハムの神である、イサクの神、ヤコブの神、預言者たちの神であり、イエス・キリストが父と呼んだ神である、また汝《なんじ》の神である。お前の幼い日から呼びつづけていたのは、われである。それをお前はよく知っているはずである。だが、なぜもっとエルサレムに来ないのか』

という御囁《おんささや》きでした。私はこれは何か、と訝《いぶか》りました。もう十二回も来たので、自分ではずいぶん来たつもりでした。しかし、御声を聴いたとき、即座に〝私は今年中にもう一度来ましょう〟とお答えしました。

私は神と約束したことは必ず実行する人間でして、聖意に聴従すると、必ず、先にどんな祝福が待っているか、ソレは計り知れないものがあります。このことを幾度も知らされてきたからです。

例えば、こんなことがあります。テルアビブに到着したとき、ヘフチバ出身で現在アロン副総理の官房長官をしているダニー・アグモン氏が出迎えに来て、旅行中、必ずヘフチバに寄るように、と懇願されました。しかし、今度の旅行は短期間で、時間に余裕がないので、「ちょっとだけ立ち寄ろう」と返事しますと、「そんなことでは困る。ぜひとも昼食か夕食を皆で食べてほしい」と言われます。だが、何もヘフチバに義理立てしなくともよいだろうし、第一、何もミヤゲを買ってきていない、と思って、私は気が進みませんでした。

ところが、その翌日のことです。朝祈っていると、神は「お前はヘフチバに行かぬと言うが、行ったがよい。そして百万円（三千ドル）を寄付せよ」と黙示されました。旅先のことですから、そんな大金は持っていません。

しかし、神が示したもうたときに、「承知しました。神様、あなたのおっしゃるとおりにします」と心を決めました。何であれ、神の示しに忠実に従うと、することすべてが最善になるからです。五、六百人もの集団であるキブツに？と思って、ためらっていたのですが、百万円差し出して自分が身を切ろうと思えば、もう問題は解決です。

救急車のプレゼント

翌々日、アグモン氏を呼んで、ヘフチバを訪問する旨を告げ、三千ドルの寄付で何を買うべきか相談しました。アグモン氏は「そのお金で救急車を買ってほしい」と言います。

車の横腹に〝日本のマクヤよりキブツ・ヘフチバへ〟と書いて走れば、イスラエル中に日イの親善関係が知れわたるだろう。急病人や、お産のとき、バスで二十分もかかるアフラの町にすぐに運ぶことができるので、一石二鳥の名案でした。

このことをヘフチバに行きまして発表しますと、キブツの人々は大変な喜びようで、私たちも嬉しくてなりませんでした。車体のほかに酸素吸入の付属設備をつけると、四千ドルかかるとのことでした。しかし、問題は四千ドル以上の多額なドル送金をどのようにするか？　外国為替管理上の制約もあって困ったと思いました。しかし、困難なことは日本に帰ってから手を打つことにして、もう考えぬことにしました。

ところが、天から降ったのか、地から湧《わ》いたのか、不思議なことに、三千ドルが最終日にテルアビブで与えられました。

三度興奮したツヴィ・マロム氏

今度のバス旅行を請け負ってくれたのは、エゲッド・ツアーズという観光バス会社の専務で、テルアビブ所長のツヴィ・マロムという人でしたが、彼が「私はあなたがたのような巡礼団を迎えて、ほんとうに嬉しい、私は興奮している」と言って、ただの感激ようではありません。

「私は三度興奮した。イスラエルを訪れる巡礼団は毎年ひきもきらぬが、数年前、あなたがた一行を初めて迎えたとき、この日本人のような巡礼団をいっぺんでもいいから、お世話してみたいと思った。今回、単なる観光業者としてでなく、あなたがたを迎えて私たちのエゲッド社は初めて国家的使命を担うものとなり得た。長年の夢がついにかなった」と言われるのでした。

そして七日間のイスラエル各地における待遇は実に至れり尽くせりでした。毎日毎日御《ご》馳走《ちそう》ずくめです。しかも、留学生たち大勢が金魚のフンのようについて回るので、嬉しいけれども、その費用のことを思うと莫大《ばくだい》な経費になります。最後になって世話係の後藤さんや亀田さんが「このままでは旅行団は破産します。今のうち皆さんの小遣いから追徴せねば、大変なことになりますョ」と言って心配されます。

「しかし、そうなったらすべてボクが責任もつから、なるに任せようじゃないですか。向こうも一生懸命に最善を尽くしてくださるんだから、まあ最後の帳尻はなんとか神任せにしましょう」と言っていました。

リセプションの夕べ

いよいよ最後の夜は、サムエル・ホテルでリセプションがあり、イスラエルで私たちに関係の深い人たちがやって来られました。赴任された翌日という都倉大使も初めてのリセプションに出席され、大変な会になってしまいました。

正式の外交官の儀礼というものは、すべて宴会のマナーを踏み、順序に従ってディナーでも出されるものです。しかし、肝心の私たちの中には、片言の英語ができる者が、二、三人もいません。困ったことになったな、と思いました。ことにご婦人がたは、キモノを着せた人形のように黙りこくっているので、靴を隔てて足を掻《か》くといった感じで、心の触れ合いができません。こんな特別の宴席でのマナーもみんなが心得ていませんから、私は見ていて、冷や汗が流れました。

ツヴィ・マロム氏に迎えられて

しかし、何と不思議でしょうか！

言葉も通じないような私たちですのに、バス会社のツヴィ・マロムは「私はこの人たちを迎えて興奮がとまらぬ、あなたがたは何という不思

リセプションにて都倉大使と共に

議な巡礼者たちだろうか」と最高の賛辞をもって称《たた》えられるのでした。

「この秋もテシマは来ると約束された。そしてすべてを任せるという。私は任せられて大いに嬉しい。この日本人の巡礼団をお世話できるのは、エゲッド・ツアーズの特権である……」と言われるので、それに応えて、私は再び来ることを約束しました。

こんな旅行団と観光会社の関係が他にあるでしょうか。ヨーロッパの旅行については、交通公社がヨーロッパの旅行業者との契約をとりかわし、契約に従ってすべての地上手配がなされます。しかし、エゲッドの場合は、ただ中に立つアルマンドー氏を互いに信頼して、何の契約も請求もしません。請求されたただけ支払おうと思っています。

ところが、出発の前夜です。ツヴィがやって来て支払いとなってビックリしました。

まず、今晩のリセプションの費用は全額エゲッド社が負担するというのです。七十数人の費用ですから八百ドルはかかります。それだけでない、七日間の観光旅行費用は商売ぬきで、実費だけで結構だ、「利潤ぬきでよい」と言われます。

コレには困ってしまいました。実費だけでは企業の経営が成り立ちません。いくら好意だといっても、とても受け取れぬ好意です。しかし、通訳の留学生が、どんなに言葉を尽くし心を砕いても、ガンとして取りません。「これ以上言ったら、ユダヤ人のことだからケンカになります」と言うので、仕方なく好意を受けました。

奇しき神の祝福

そして魂消《たまげ》たことに、巡礼団全員に三十ドルずつ小遣いとしてお返ししても、なお三千ドル以上（百万円以上）も余ってしまったのです。こんな大金をどうしようかと思いましたが、亀田さんや後藤さんが、「先生、こんなに愛してくれ、こんなによく尽くしてくれた国に対して、ただ好意をもって帰るわけにはいきません。残りは全部寄付してゆこうじゃないですか」という発案でした。それで、旅行団の名で、三千ドルそっくりを、ヘフチバに寄付し、救急車の購入費用にあてることにしました。不足分の一千ドルは私が支払うことにしました。

初めに神様が「ヘフチバに行け。そして百万円献金せよ」とおっしゃったことを思って、〝まあ、神様、あなたは、何という不思議をなさるのでしょう!〟と神の聖名《みな》を賛えました。

私は神様の命令なら、何でも従おうとしている人間でして、自分には不可解でも、信じて従ってみると、合わぬ勘定が合ってオツリまでもらう結果になります。しかも、考えられもしない方法で、救急車まで買うことができたとは!

私の知っている神は、このような不思議な神です。祈って、神が祈りの中に〝こうせよ〟と命じられたことは、実行するに限る。神は必ず祝されます。私は方法を知らない、どのように導かれるか人には分からない。しかし、最後の結末は神ご自身がつけてくださる。

これは長い間の私の信仰の実験であり、祈りの賜物であります。

全イスラエルを興奮の渦に

彼ばかりでありません。アグモン氏が言うのには、「この次あなたがやって来るときには、イスラエル国あげて歓迎する。それには、今から打つ手を全部打って準備して首相と外相も出席して迎えたい」とのことでした。

今回は突然やって行ったのに、全イスラエルにあんな大興奮の渦が湧き起こったのですから、もっと報道機関を用い、予《あらかじ》め準備したなら、次回、どれほど大きな反響があるか分かりません。

言葉も通じないような私たちが行ってさえ、かくも波紋を起こすとは、一体何がそうさせるのでしょう？　私は、背後にキリストが生きて私たちを招き導きつつあることを感じ、守護神の御名をほめ歌いました。

原始福音は今や世界に

長い間、二十年間、原始福音運動を進めてきましたが、叩《たた》かれ嘲《あざけ》られ、悪口ばかり言われてジッと堪《こら》えてきました。しかし、日本のキリスト教会が何とでも言わば言え！　キリスト教を嫌うパレスチナの地――聖書の本場で、私たちの群れだけは、熱狂的に歓迎されている。〝この人たちの信仰なら、キリスト教は大いによい〟とイスラエル人が言うとは、一体何でしょうか。この一事だけでも、福音の真実が証明されます。

嘆きの壁にすがって祈りつつあったとき、「なぜ、お前はもっとエルサレムにやって来ないのか」という御声を聴いたとき、私は「ハイ」と答えました。なぜ、私がもう一度も二度も行かねばならぬのか、ということの意味はよく知りません。神が命じたもうとき、それに聴き従うと、必ず、大きな稔《みの》りの束を携えて日本に帰ってくることになると思います。

それについて今、私はこの秋十一月に、国際原始福音大会をエルサレムのシオンの丘で大々的に開こうと思います。日本の幕屋からだけでない、アメリカの幕屋にも、また韓国や台湾のクリスチャンたちにも声かけて一堂に会したい。今や原始福音運動が広く世界に理解を弘《ひろ》めるようになりました。「救いはエルサレムより出《い》づ」――エルサレムで私たちが、真の信仰復興の旗揚げをするということは、必ずや世界のキリスト教徒に反響と反省を巻き起こすと思います。原始福音は私たちだけのものではなく、キリスト教を嫌うユダヤ人たちの間にも共鳴を呼んでおるということは、世界のキリスト教史になかった注目すべき出来事だからです。

スロムニツキー博士との出会いから

私がイスラエル人と初めて出会い、交渉をもったのは十六年前（一九五四年）のことでした。長崎に行く三等車の中で、スロムニツキーという、みすぼらしいなりをしている農学博士の夫妻と同席したことがキッカケでした。

ユダヤ人は、ユダヤ商人という強欲な代名詞で嫌われていますが、スロムニツキー博士を一目見たときに、何と精神的な美しい人だろうか、とイスラエルに心が惹《ひ》きつけられてしまいました。博士は夫人より六カ月早く日本に来ておられました。

というのは、当時、続々と世界中からパレスチナに帰ってきた何十万人というユダヤ人たちを、狭い国土で養うについて、食糧難の危機を解決するために、何か日本に新品種の作物がないか、調査研究に来ていたのでした。そして長崎県島原の愛野村の農事試験場で、年に二回収穫できるポテトを発見された。これこそ自分の探し求めていた品種だと言って、持ち帰り、これにイスラエルの在来品をかけ合わせ、さらに風味の良いフランス産のポテトをかけ合わせて改良したものが、現在イスラエル人が食べているポテトです。多くの人は知らぬが、これは私とスロムニツキーさんが旅しつつある間に知った出来事だったのです。

このスロムニツキー博士は日本に滞在するうちに、日本は実に美しいスバラシイ国だ、と言って、ヨーロッパ旅行を取り止めさせて奥さんを日本に呼ばれた。そして、さらに数カ月、二人して少しでも多く日本を見たいと言って、食べる物も食べず乏しい生活をしながら日本中を回っておられたのでした。奥さんも有名なワイズマン研究所の所員で、世界的な生化学者の一人です。しかし二人ともみすぼらしいなりをして異国の日本を旅している。その真理を探究する熱意、また激しい愛国心、心の豊かさ、美《うる》わしい夫婦の情愛を見まして、ああ、これが聖書の民イスラエルか、と私はその精神的で高貴な魂に触れて魅了されたのでした。

祈りを請うユダヤ人

その時以来、スロムニツキー博士との交わりは今も続いていますが、今度、そのお宅に行きますと、博士が「家内は肺が悪くて寝ているので、祈ってくれ」と私に請われます。ですが、「信仰がなければダメです。汝の信仰、汝を救えりで、まず信ずることだ」とお話して、励ましたりしました。

サムエル・ホテルにおりますと、セチックという有名な空軍の司令官から電話がかかってきました。彼は空の英雄として勇名を馳せていましたが、怪我《けが》をして治らない。パリの大病院に入院しても治すことができなかった。ところが私のことを聞いて希望を取り戻し、「動けないので行けないが、ぜひやって来て祈ってほしい」と言われます。

参りますと、手を合わせて祈りを懇願されるのです。どんな大病院に行っても治らない。しかし、マクヤ・グループでは癒やされると信ずる。東京から知らせてきた人たちがいるので、マクヤのことを知っていたが、同じホテルに泊まっていて、しかも、あなたたちの歌声が聞こえるとは。私はもうたまらなくなってお呼びしたというのです。原始福音の真相が海外にまで知れわたりつつあるのに驚きました。

ゴッドリーブ博士の感激

ロンドンでは、アイザック・ゴッドリーブという外科医で、昨年の夏、イギリス代表で日本の会議に来ていた先生がやって来られて、「半日はあなたのために全部空けている」と言って、ロンドン市内を案内してくださった。その案内のなさり方がただ事ではありませんでした。たった一夜、私の家で過ごされた方ですのに、どうしてこんなになさるのか不思議議です。

ロンドンの新聞記事で日本の幕屋のことを読んで、日本に行ったらぜひ、会いたいと言って来られたのが最初の出会いでした（一九七〇年六月）。そのとき、音楽に理解のある博士でしたので、詩篇二三篇に寄せた幕屋の賛美歌を歌ってお慰めし、またニューヨークの国連本部でデモをした時のアピールなどもカセット・テープに録音して差し上げたことがありました。ところが、ゴッドリーブ博士がそのテープを持ってロシアに行き、モスクワのユダヤ人シナゴーグの最高のチーフ・ラビにそれを聴かせたところ、感動し泣きながら聴かれたといいます。

ロシアでは今、ユダヤ人への迫害弾圧が激しく行なわれていますが、そのラビが「日本にそんな不思議なグループができたのか、私たちの長い間の祈りがついに実を結ぶ日が来たのだ」と言って喜んだ。どんなにこのテープがユダヤ人を慰めているか分からない、とおっしゃるんです。

鉄の壁の彼方、ロシアから

また、このことを聞きつけて、デビッド・ガルバーという弁護士がテルアビブのホテルに会いに来ました。時間がないのでお会いしませんでしたら、帰るときに空港に追いすがるようしてやって来て、「マクヤ・グループは何と不思議な人たちだろうか。テープでも手紙でもよいから、ロシアにいる人たちを慰め励ましてほしい」と言って、ロシアの各地に散っているユダヤ人たちの名前を書いて渡されたりしました。

私たちとは一番縁遠いと思っていた赤いロシア、鉄の壁の彼方《かなた》の国の中からも、原始福音に対する渇仰と要求の叫びが上がっているのを思うと、次々と神様が不思議な人たちを通して働きたまい、私たちの一群を導きつつありたもうことを知りました。

一体これは何ということでしょう。クリスチャンといえば、犬猿の仲のように徹底的に毛嫌いするユダヤ人が、原始福音、マクヤ・グループといえば、宗教宗派を超えて、生命を求め、救いを求めてくるとは！　神様が私たちの一群を何故に日本に起こしたもうたのか、このたびの旅を通して、なお一層、神の摂理によることを痛感しました。人の業ではない、人には出来ない。しかし、神が現在、私たちを通して働きつつあることが、やがて後世に、神ご自身の摂理であったと人々が信ずる時が来るに違いないと思います。

聖書の源流に帰れ

私たちの一群は小さな群れですが、神が原始福音を興したもうてから、わずか二十年にして、今や世界が待っておることを知りました。そうである以上、小さくなって他のキリスト教会などと背比べするような信仰はもうやめて、もっと大きな方法をもって、原始福音運動を展開してゆきたいと思います。

昨日、テルアビブを発って日本への帰りの飛行機に、たくさんのイスラエル人の男たちが乗っていました。聞くと、広島で新しく竣工する十万トンのタンカーを引き取りに行く船員たちでした。彼らが、私たちに何か目と目で話したげに慕うような目つきで「テレビであなたたちを見たョ。日本はスバラシイ国だ。あなたがたのような人たちがいるから日本はスバラシクなるんだなあ……」と彼らの狭い知識で考えて言います。

「ただキリスト教であるのが気にくわぬが、あなたはプロテスタントかカトリックか」と聞きますから、「イヤ、ボクはどちらでもない」「じゃ何派か、聖公会か、バプテストか、メソジストか?」「それも違う」「じゃ一体なんだ」「日本キリスト教 Japanese Christianity

だ」「そんなのは聞いたことがないネ」「いや、この頃、日本ではじまった宗教運動で、聖書の世界に帰ろう、と叫んでいる。ユダヤ教もキリスト教も基は聖書だ。一つのエルサレム、一つのシオンから発生した宗教ではないか、我々は何派にも属さぬ、日本人らしい受け取り方で聖書を信ずる Bible believer だ」と言いましたら、大変喜びました。

ヘルツェルとシオニズム運動

現在のイスラエル国が復興したのについて、私が想《おも》い浮かべるのは、オーストリアの青年ヘルツェルのことです。今から八十年前、神はヘルツェルの胸に火を燃やしたもうた。彼が立ち上がって〝イスラエルの民よ、もう一度シオンの都に帰ろう〟と叫ぶと、それがやがてシオニズム運動となり、千九百年間、全世界に散らされていたユダヤの民が、続々とパレスチナに帰還して国家再建に敢然と挑んだのでした。

一九四八年に独立して以来、わずか十数年の間に、荒野を沃野《よくや》と化し、驚くべき速さで素晴らしい国造りに成功しました。十年前、砂漠だったテルアビブには緑が繁《しげ》り、いっぱいにビルが建ち並んでいます。エルサレムでは、起伏の多い山の上に、世界一流の立派な大学を建設しつつあります。私はこの大学を見て驚きました。

内村鑑三先生は今から五十年前、イスラエル国家がまだ出来ない前に、エルサレムにヘブライ大学の定礎式が行なわれたことを聞かれたとき、〝この大学は必ず偉大な大学になる。イギリスのケンブリッジ、オックスフォード、アメリカのハーバードも及ばぬような大学となり、やがて文明の発祥地になるであろう〟ということを『聖書の研究』誌（一九一八年）に書いて予言しています。

アッパー・ルームで祈る

私は聖書の土地に帰ってもう一度、そこで神が昔、何をなしたもうたかを考え直しました。イエス・キリストの預言のとおり、エルサレムの都は滅び、イスラエルの民は流浪の民となった。しかし信仰をもって再びシオンに立ち帰って来たことを想い返すと、クリスチャンとしてもう一度やり直さねばならぬことがある。それはイスラエル民族がシオニズム運動を興して、シオンに帰ろうと叫んだように、私たちはキリストの福音の発祥地であるシオンの教会に帰らねばなりません。最後の晩餐《ばんさん》が行なわれた二階家（アッパー・ルーム）に、ペンテコステの日に聖霊が降臨した。その部屋こそ、初代において「シオン教会」と呼ばれた、原始福音の母教会でした。今は、マホメット教徒にとられ、国境線になったため破壊されて、キリスト教徒のものでも、ユダヤ教徒、マホメット教徒のものでもない。ガランとした二階家になっていますが、このシオンの丘、ペンテコステのアッパー・ルームに帰ろうというのが、原始福音運動の主張であります。

新シオニズム運動の提唱

ヘルツェルが興したシオニズム運動とは別に、霊的なシオニズム運動を興し、宗教の息《い》吹返《ぶきかえ》しを図《はか》る時が来ました。私たちはこのことをずっと叫び続けて今日までやってきましたが、もっとハッキリとした意味において、もう一度「シオンに帰り」、真の聖書の信仰を復興し、キリスト教、ユダヤ教の対立を超えて、平和の基を築きたいと思います。ヘブル書一二章に、

「しかし、あなたがたが近づいているのは、シオンの山、生ける神の都、天にあるエルサレム、無数の天使の祝会、天に登録されている長子たちのエクレシア（教会）、万

民の審判者なる神、全うされた義人の霊、新しい契約の仲保者イエス、ならびにアベルの血よりも力強く語る注がれた血である」(一二・二二〜二四節)

とありますが、私たちが目指すのは、新しき霊的シオンへの復帰であります。

「聖なる都、新しきエルサレムが、夫のために着飾りたる花嫁のごとく装いをして、神の許《もと》を出て天より降《くだ》るを見たり。……視《み》よ、神の幕屋、人と偕《とも》にあり、神、人と偕に住み、人、神の民となる」――この現実が実現すると黙示録は預言している(黙示録二一・二〜三)。この預言の成就こそ、ヤハヴェの神信仰をイスラエルの民の全生活に生かしていた出エジプトの時代から、後代の新約黙示録の最後に至るまでの、旧新約聖書を一貫する信仰の目標であり結論であります。

律法の下にとどまっていたいと思う人たちよ、私に答えなさい。あなたがたは律法の言うところを聞かないのか。アブラハムにふたりの子があったが、ひとりは女奴隷から、ひとりは自由の女から生まれた。女奴隷の子は肉によって生まれたのであり、自由の女の子は約束によって生まれたのであった。さて、この物語は比喩として見られる。すなわち、この女たちは二つの契約をさす。そのひとりはシナイ山から出て、奴隷となる者を産む。ハガルがそれである。ハガルといえば、アラビアではシナイ山のことで、今のエルサレムに当たる。なぜなら、それは子たちと共に奴隷になっているからであ

る。しかし、上なるエルサレムは自由の女であって、私たちの母をさす。(ガラテヤ書四・二二〜二六)

使徒パウロもガラテヤ書に記すとおり、新シオニズム運動とは「霊的エルサレム」を指すのであります。今まで奴隷のように古い律法の下に縛られていたキリスト教やユダヤ教――それはシナイ山(ハガルの山)でしかない旧約信仰である。それに対して「喜べ不妊の女よ、声をあげて喜べ、産みの苦しみを知らない女よ、ひとり者となっている女は多くの子を産み、その数は、夫ある女の子らよりも多い」とイザヤ書五四章にある神の祝福が実現するのであります。

アブラハムの妻サラは年老いてなお石女《うまずめ》であった。しかし、神が約束したもうたとき、彼女を通して祝福が臨みました。これは普通の夫婦から子供が生まれたのとは違う、神の大いなる祝福でした。

同様に私たちも世の人々が見下げるツマラヌ者たちかもしれませんが、神は我らのように小さな卑しき一群を通して、祝福の基となし、神の御経綸《ごけいりん》を進めたもう。これが福音であります。自由の子は、自由の子らしく生きてゆかねばなりません。

一つの神、一つの聖書に

古い律法に閉じ込められたキリスト教、ユダヤ教の対立を超えて、一つの神に、一つの聖書に全世界が結ばれるために、大きな使命が私たち幕屋の民に課せられていると思います。霊的シオニズム運動を積極的に展開してゆきたく思います。

異邦人でありながら私たちマクヤの日本人には、熱狂をもって歓迎するイスラエル民族です。秋の巡礼には、国をあげて首相が歓迎するとのことですから、新しい宗教の息吹き返しのため「シオンへの復帰」を私たちが叫びたいと思います。

西洋のキリスト教はもう救いがたい破局に直面しています。日本のキリスト教会も同様です。しかし、世界が、今や私たちの福音を渇仰し待ち望んでいます。やがてもう一度シオンから、福音の波動が世界に波及しはじめるに違いありません。

（一九七一年二月七日）

劇的な旅路を続けて

――第七次シオン巡礼団と共に（一九七一年）

この度の聖地巡礼は、二百四十数名の人たちが日本やアメリカなどからエルサレムに上りましたが、またヨーロッパやイスラエルにいる留学生三十名を加えて、二百八十名もの多数の方々によるシオン詣《もう》でとなりました。また、韓国や南方の方など御参加だったのが、ことのほか嬉《うれ》しいでした。

これだけの多人数の日本人が行くということは、イスラエルでも初めてのことですし、もし病気や事故など、何か不祥事が起こらないでもない、と非常に心配でした。しかし思案したところで、どうなるものでもありません。ただ私は、出づると入るとを守りたもう主なる神に祈りつつ、ご守護を仰ぎながら終始、平安に旅を続けることができました。至る所で、私たちと共に歩みたもう神霊のご守護を目のあたりに実見しまして、感謝でなりませんでした。

毎日毎日が劇的な出来事ばかりでした。あまりに素晴らしいことや心配なことを、一度にドッと経験しましたから、帰宅するとすっかり頭がしびれて、その記憶を蘇《よみがえ》らせるためには、二、三日間、体を保養しないと思い出せないほどでした。

イスラエルの各地では、国中至るところ熱狂的大歓迎を受けまして、感動の嵐の中に毎日を過ごしました。振り返って見ると、十年前、一人とぼとぼと私は、あのエルサレムの地を歩いたものでしたのに、今はこのように多くの人たちと行を共にして歩けるとは！　まるで夢を見ているようでした。わずか十年ばかりの間に、キリストは私たち原始福音の一群を、こんなに大きく育み導き、成長せしめたまいました。我ら幕屋の民を通して、何かを世界の歴史に訴えようとしておられることを、ヒシヒシと感じました。

アメリカのTVニュースに放映されて

私はA班の一行と共にアメリカ回りで出発しました。

ニューヨークでは、国連前のハマーショルド広場で、イスラエルのためにアピールをしましたら、全米の各地に放送網をもつNBCが私たちをテレビで放映し、UPIも全世界にニュースを流しました。それで、イスラエルでは「あなたがたをテレビで見たよ、見たよ」と言って近づいてきますし、ニューヨークでは通行人が「あの日本人だ」と言って、みんなが親しげに注目し喜んでくれました。

こんな放送を自費で頼めば、値段にして二百万ドルかかるそうです。ゴールデン・タイム（夜の六時と十一時）に商業放送でなくニュースの時間に放映されました。これで日本の幕屋は一躍、有名になり、また、日本航空のハッピー・コートを着ていた人たちも映ったので、「赤い鶴」のマークが大きくクローズ・アップしたことでした。

無名な日本人クリスチャンでしかない私たちですのに、不思議なことでした。ゲイブ・プレスマンというニューヨークで最も有名なＴＶプロデューサーが企画したハプニングだそうです。

その日は中共代表が国連入りするということで、各新聞社、放送局は緊張して待機していまして、私たちが行くということなどは、問題になるはずもありませんのに「中共の国連入り」よりもビッグ・ニュースとして、夜のトップ・ニュースにＴＶ放送されてしまう結果には、さすがのニューヨーカーも驚いたことでしょう。

私たちは少数民のイスラエルを慰めたい。世界に散って宿り、二千年間も悲しんで泣いてきた民族を慰め励ますということを、私たちの仕事だと思っていただけです。流浪し続けてきた彼らを温かく慰めたいという念願が、大きくテレビで訴える機会を与えられて、全米のみならず全世界に放映されて、ほんとに良かったと思い、感謝しました。どんなにか彼らが喜んだことでしょう。

その夜の放送中に、プロデューサーが「一行は今晩、エル・アブラムのレストランで晩餐している」と言いましたから、さあ、大変なことになりました。私たちが立ち去った後も、次々とユダヤ市民がやって来て、大騒ぎになったんです。「まだ日本人は、いるのか」と言って、たちまち一夜にしてアブラムの店が有名なレストランになってしまった顛末《てんまつ》となりました。彼が「いやぁ、あなたたちは大した お客だ」と言って喜んでくれました。

こうやって、私たちが歩くところ、周囲の人たちまで豊かに祝福されたということは嬉しいことでした。

ナゼ愛するのか

アピールの前ですが、国連本部に行き、ウ・タント事務総長に会見を求めますと、ちょうど中共代表が国連に乗りこむところで、警戒が非常に厳重でした。中共代表は、まるで王様のように威張って来るのに対して、アメリカは非常に小さくなっていました。部外の者はだれも中に入れぬということでしたが、私だけは入れました。ウ・タント事務総長は病気で入院中でしたので、代理のリウ氏に会って、アピール文を届けました。

このようにイスラエルを愛し、イスラエルのために私たちが尽くそうとしますことは、ユダヤ人にとってほんとうに嬉しいことでしょう。しかし、不倶戴天《ふぐたいてん》のアラブにとっては不快かもしれません。しかし、彼らは多人数ですし、石油利権で各国の応援もありますが、イスラエルだけは孤独です。私たち日本人が応援しなかったら、だれが支援するでしょうか?

サマリアに行こうという計画を立てましたら、エゲッド・ツアーズ社の常務ツヴィ・マロム氏が「やめなさい」と言って禁じました。アラブから非常に注目されているから、あそこは危険だ。何されるか分からない。しかし、人間何か事をなそうとすれば、良かれ、悪しかれ、反対の嵐の中に立たされるものです。妨害や抵抗があっても、自分の信念を曲げずに進んで行くことが大事だと思います。

ユダヤ人たちも、ニューヨークにおいてもイスラエルにおいても幕屋の私たちを熱く歓迎してくれました。余りに私たちがイスラエルを愛していることを見聞きしていて、他民族から愛されることの少なかった彼らは、何かしら喜びの半面、疑いをもっているようにも見えました。

彼らが口をそろえて発する質問は、

「あなた方は日本人なのに、またクリスチャンなのに、どうしてイスラエルを愛するのか？」「なぜ、どうして」と訊《き》いてきます。

「ナゼって？　愛には、理由なんかないでしょう！」

「イヤ、何か原因か、理由があるはずだ」

と言って、彼らには私たちの心を解せません。全世界の人たちが嫌うユダヤ民族を、〝どうしてそんなに愛するのか〟と疑問視します。しかし、私たちには、ユダヤ民族ほど愛すべき、尊敬すべき民を知りません。

　だれからも頼まれもせずに国連に乗りこんで、警戒の厳重な中でもイスラエルのためにアピールするといったような冒険は、非常に勇気がいります。それでだれもしません。それを私たちがあえてしますから、彼らは、私たちが愛していることを分かりますから、どうしてなのか？と理由が分からずに、嬉しさの余り、戸惑いと喜びと驚きとが三つ重なった複雑な気持ちで受け止めているのではないでしょうか。

　ともあれ、今でもエルサレムの救いのために、イスラエルが慰められるために、待っている篤信な老シメオンや老アンナのような男女がいます（ルカ伝二章）。彼らに出会って共鳴し合うことが、私には最大の喜びなのです。

宗教史に貴重な幕屋グループ

この事をウジ・ナルキス将軍（六日戦争時のエルサレム攻略軍司令官）に言いますと、ナルキスは「自分も皆から、ソレを聞かれるんだョ」と言います。

「どうしてあの人たちは日本からあんなにたくさんでやって来るのか？　しかも、他国人が嫌うダビデの星をつけて喜んでいるのは、一体何だ？と言って、誰も彼も訝《いぶか》しがる。それほどに喜ぶ。長い間、ユダヤ人は迫害され、忌み嫌われてきた民族なので、素直に愛を信ぜられぬのだ」と、ナルキス将軍が語ります。

「今まで世界中のどこでも、隠れてイスラエルの民に尽くしてくれる友人は、個人的には少なからずあった。しかし、集団としての友はなかった。いや、集団で友となってくれたのは、歴史上、他に一回の例があるきりだ。それは中世に、黒海（ウクライナ）にあるクザリ王国の王様が、ユダヤ教を知るにつけ、〝聖書の宗教こそ真の宗教だ〟といって信じて、人民をこの宗教に改宗せしめようとした運動があった。しかし、それ以外に外国において、ユダヤ人に接近しようとした集団はなかった。だから現在のあなたたちマクヤ・グループの存在というものは、ユダヤ史の上で貴重で、大きな慰めなのです」と。

聖書の宗教は一つ

しかし、私の考えはそうではなくて、聖書の宗教は一つであるべきです。ユダヤ教、ギリシア正教、カトリック教、イスラム教などあるが、それぞれ、旧約聖書という一つの源泉から、信仰が出発しているからです。ユダヤ教徒はキリスト教徒やイスラム教徒とは違って、自分たちの宗教を他民族に押し売りしません。極めて閉鎖的なので、日本に聖書が伝わっても、聖書の源流だったユダヤ教について、何ら知る機会がありません。

日本人の私たちは、キリスト教を通して聖書の信仰を知る以外にありませんでした。ところで、私たちが聖書を読みましても、いわゆる西洋から伝わってきたキリスト教というものでは、何にも聖書の神髄、聖なる民たちのもつ生命に触れるということをさせてくれない。西洋流のキリスト教はスコラ哲学を脱していないので、どうも、日本人には聖書が理解できにくいのです。

そこで私は、真のユダヤ教徒だったら、どう信ずるのだろうかと思いました。イエス・キリストでも、パウロでも、ヨハネでも、皆ユダヤ人でした。旧約のモーセも然《しか》り、サムエルやエリヤ然り。彼らは、どのように神を信じたのか。その源流に立ち帰ってみたい、というのは、求道する私の信仰の帰結として当然なことでした。

私は伝道を使命に生きている人間でして、日本人に聖書の宗教を説くにはどうすべきか、これこそ最大の課題です。西洋のキリスト教がホンモノなら、それを説きます。しかし、どうもオカシイ。これに気がついた先覚者は内村鑑三先生ですが、だからといって、単に無教会主義で教会を否定したら、なんとか聖書の宗教に近づくんじゃないかと思って試みても、それで十分ではありません。

そこで、もう一度、聖書を土台から学び直すために、次々とイスラエルのウルパン（ヘブライ語学校）に留学生を送り込んだのでした。百二十名も学ばれた。また八百名以上の人々が聖書の舞台であるパレスチナの聖地に出かけて行きました。こうして、聖地で聖なる民に触れるにつれて、聖書の理解の仕方がすっかり変わってきました。イスラエル人に肌で触れ、耳で聞き、目で見て、口で語り合うまでになって帰ってこられた若人たちの心には、強い刺激をよびました。もし聖書という信仰の源に帰り、一つの神に帰るならば、二つの宗教は形相が違っても、信仰の心では一致する。こう私は信じております。そこでイスラエル人と深い共鳴があるわけです。

感動に泣いたユダヤ人

ニューヨークは八百万の人口ですが、そのうちの三百万がユダヤ人です。三人に一人です。ハーバードやコロンビア、ニューヨーク大学など、一流大学の教授や学生の半数がユダヤ人です。教育界でも、経済界の実権でも、みな彼らユダヤ人が握っています。

そのニューヨークのシナゴーグで、日野正雄君のエレクトーンのリサイタルが二日目の午後にありました。彼らが初めて聴くエレクトーンでした。ただのオルガンの演奏ぐらいに思っていたのに、日野君があまりにスバラシイ演奏をなさったので、びっくりしました。また松井浜子さんが歌いますと、非常な感動を呼び、ユダヤ人たちは皆泣きました。

ぜひ全米のシナゴーグを回って、三カ月ほど長期演奏するプログラムを組みたいと頼まれて、困りました。そんなにまでユダヤ人たちが惚《ほ》れ込みますから、「ちょっと待ってください。日野君が回るのはよいが、松井さんは声楽家としては、一流じゃないけど」と私は言いました。

すると、「アナタは何を言うか！　一流どころか、彼女は一流中の一流だ。だれが泣いて歌ったりするものか。〝ああ、エルサレム、エルサレム〟といって泣きながら舞台に立って歌う歌手なんて、世界にいない！　泣いたら歌えぬのに、両眼に涙をためながら、イスラエルを慕い祈っている姿に、私たちは打たれるんだ。この人は特別の歌手だ。彼女を全米のユダヤ人に紹介するのは、私たちの義務だ。二人をコンビにして回らせてくれ」と懇願されました。また、イスラエルのエイラットでも同様でした。それで近く、長井充君や村山百合子さんなども加えて、海外に派遣することとしました。

キブツ・ヘフチバにて救急車の贈呈式
——アモス・ロネン村長と握手——

こういうことを見ましても、神様が何かをなさるのに、いつもだれかを選んで、お用いになるのだなぁ、と感じ入りました。無名の音楽家が、大きくデビューするキッカケは、こんな旅路の中でも生まれてくるので、私は嬉しくて有り難くてなりませんでした。

ことに、イスラエルの南端、エイラット市に幕屋からエレクトーンを寄付したのですが、会場をギッシリと埋めたエイラット市民の興奮はただならず、激しい感動の渦に巻き込んでしまいました。

キブツ・ヘフチバでは、二月の巡礼のときに贈る申し入れをした救急車がやっと英国から到着していまして、贈呈式がありました。私たちがただ心の中で愛しておるんじゃなくて、かの国に対して物質的にもいろいろと尽くすことを見られて、ユダヤ人は非常に感激していました。

贈ったものは、救急車一台と楽器一台です。しかし、その与えた感動というものは大きいでした。ことにエレクトーンについては、前代未聞の驚きで、「こんな勝《すぐ》れた楽器を日本が開発しているとは知らなかった。ぜひ、早く何人でもやって来て演奏してほしい。旅費から一切のプログラム、何もかもお膳立《ぜんだ》てするから、来て教えてほしい」と言って、深い関心と喜びを示してくれましたので、私は嬉しいでした。

シャザール大統領との会見

エルサレムでは、シャザール大統領から「ぜひ、会いたい」との申し入れで、七人ほどの教友と共に官邸に参りました。

大統領は大変に喜ばれて、「よく来てくださった。あなた方のような温かい心でイスラエルを愛してくれるなんて、何と有り難いことだろう。私は、この日をどんなに喜んで待っていたことか！　明日は、私の誕生日である。明日の朝、早く起きたら、すぐ西の壁に行って、この事を心から神に感謝して祈りたい。長い間、流浪の旅を続けていた哀れな民族を知って、はるばる東方から多数やって来て慰めてくれるとは！　この喜びを、私はまず神に報告せずにおれない。私の八十二歳の誕生日の前夜、何と神は祝福したもうことだろう」と言われる謙虚な御態度に、私たちは感激でした。一国の元首である身を忘れて、親しく迎えてくださいました。

日本の幕屋から美しい漆器の文箱を差し上げますと、大統領は「一生の良い記念を今日は頂いた」と言って、喜ばれました。なお、こんなことも言われました。

マクヤ運動の宗教的意味

「先日、新しく駐日イスラエル大使として、エイタン・ロン氏を日本に特命全権大使として派遣するにあたって、特別の訓令を発した。それは、あなたを全権大使として東京に送るについて、今、日本に起こっているマクヤ運動について、自分は宗教学者として、大きい興味と尊敬をもって見ている。よく接触し協調して、ないがしろにせぬように、と言って派遣したのです。

私はハシディズム派の〝最も白熱した流れをくむ家柄〟(注・ルバヴィッチのハバッド派に属した)に育った一人ですが、私たちの曾祖父《そうそふ》は、あなたたちのように燃えるような信仰をもっていた。しかし、今では冷えてきて、ユダヤ教もすっかり哲学化して、しきたりだけになり、神秘な霊的なものが衰えてしまった。

ここでもう一度ユダヤ教はあなたがたのようにヒトラハブート（白熱）の信仰を回復しなければならぬと思うが、それには、ぜひあなたがたのグループに接近しなければならぬ」

シャザール大統領と語る

こんな温情あふれる言葉を大統領閣下からお聞きしようとは、思いもよりませんでした。全く、お言葉に驚きました。何と謙虚な御態度だろうか、と深く打たれました。一国の大統領で、しかも、有名な宗教哲学者である権威者ですのに、自分の哲学を誇ることよりも、むしろ私たちを知り学ぼうとされる態度。これこそ、逆に、むしろ私たちがもたねばならぬ心だと思いました。原始福音が何かじゃない。本当に神と共に生きていることが、もっと私たちに大事だからです。

シャザール大統領は、「なぜイスラエルを親愛するのか」と言われますので、私が個人的に知ったイスラエル人の素晴らしさ、そして私たちの小さな群れの信仰を、高く評価し、熱く激励してくださったイスラエルの宗教思想家――マルチン・ブーバー、フーゴー・ベルグマン博士、アブラハム・ヘシェル博士などから思想的影響を受けたこと、その不思議な邂逅《かいこう》をお話ししますと、大変に驚き喜ばれて、こんな話もされました。

「フーゴー・ベルグマン博士とは親友ですョ。またヘシェル博士とは昔、一緒に勉強しました。彼が最近出版した『イスラエル　永遠のこだま』という本は、私に献《ささ》げられたものですし、ハシディズムのラビ・メンデル・コツク（ハシディズムの衰退期に出て、信仰復興に活躍したユダヤ宗教家）についての共著があります。

ブーバーは友人というよりも、私の先生で、私は彼から多くを学んできました。青年の頃、『若いユダヤ人』というシオニストの機関誌の編集を一緒にしたことがありました。一九一六年以来、彼が死ぬまでの半世紀の間、深い親交を続けてきました」

このシャザール大統領は政治家であり、宗教哲学者であるばかりでなく、イスラエル建国の精神的指導者として国民を鼓舞してこられた人です。その宗教思想は中世のカバラーの伝統を受け継いでいますから、幕屋の信仰がハシディズムの信仰とそっくりであると言って、大変お喜びでした。

秦《はた》氏とクムラン教団について

また、私が最近出版した英文版の『日本のユダヤ流民』（*The Ancient Jewish Diaspora in Japan*）を差し上げますと、大変に深い関心を示されて、幾つかの貴重なサジェスチョン（示唆）を与えてくださいました。

「ハタ氏の神〝ヤハダ〟は、ハダ氏のヤー（イェホヴァ）とか〝ユフダー〟を連想させますが、そういう読み方よりも、私は〝ヤハッド〟という言葉が適切だと思う。例えば、エッセネ派の中で、死海沿岸にいたクムラン集団は〝ヤハッド〟と呼ばれていました。メシア思想を非常に強く抱いたこの人たちは、古来神秘的な教団で、一つの共同体《ヤハド》という観念が強かったと思われます。これがヤハダの宗教となり、東方に伝わっていったのでしょう」

大統領は、他にも珍しい歴史的事実を教えてくださり、ぜひとも日本における秦氏研究を完成するように、というご要望でした。私も、英文版の新著には、八幡《やはだ》に関する諸説に対して、私見として「ヤハダの起源は〈yachad 共同体〉でクムラン教団にあり」と書いておきました（四〇ページ）ので、そう申し上げると、大統領も非常に喜ばれました。

これは、今度の旅で得た最も嬉しいことの一つでした。単なる地上の政治家としての大統領に会うのならば、そう嬉しいことではありませんでしたが、私たちの宗教運動に一方ならぬ関心を示され、マクヤの一群こそ宗教史に注目すべきものであることを、宗教哲学者の目から深い洞察をもって見ておいでになるということを知ったことに、実に大きな励ましと感動を受けました。

タルムードの教訓

日本では、とかく原始福音の運動について、冷たく批判されたりしておるだけに、聖書の宗教の本場、そのイスラエルの大統領が、しかも著名な宗教哲学者が私たちを証しして くださったということは、深い感激でした。また、ヘブライ大学前学部長のベルグマン先生も、わざわざ手紙を下さり、「あなたがた一行の訪問が本当に嬉しい」と言って、厚く感謝されました。

またニューヨークでは、アブラハム・ヘシェル博士が、私たちの幕屋運動に折り紙をつけてくださったことも、非常に嬉しいことでした。少数でもこのような世界的な大宗教学者たちが、信じて励ましてくださるということは、私にとって最大の喜びでした。分からず屋には分からず、分かる人には分かる。やがて聖史の一端を担って、キリストの来臨の

アブラハム・ヘシェル博士の書斎にて

夜明けを告げる日の近いことを思うと、感謝でなりません。

また、帰国する日には、副総理のイガル・アロン氏がわざわざ私を呼ばれて、「ぜひ会いたい」との要望でした。それで会いに行きますと、「あなたがたが西の壁で雨にうたれて祈った情景をテレビで見たが、毎日のように新聞に載り、テレビで放映され、また昨日はテルアビブの市中を行進しているのを見て、感動でならなかった。多くの人々が、次々と泣きながら私に日本幕屋のことを電話してくる。〝何という有り難い日本人たちが来てくれただろう〟と言って……。それを聞いて、あなたを友人に持つ誇りを感じたんだ。まず数年前から、このマクヤ・グループと接触していたのは、政府の閣僚としては自分だったけれど、こんなに多勢のイスラエル人が感激しているのを見て、一目でも、あなたに会わずにイスラエルを去られたらたまらん」と言われて、感謝されるのでした。

会見を申し込んでもなかなか会えぬ人たちですのに、先方から次々と会いたがっておられました。こんなことが、十年前の幕屋人に想像できたでしょうか！　しかし、すべてのこと、キリストが生きて、私たちの一群を導きつつありたもう証左で、心から御名を賛美せずにおれません。

実は前回と同様に、私たちの一行に対しては採算を度外視して、アルマンドー氏やエゲッド・ツアーズ社の常務ツヴィ・マロム氏と専務のサフラ氏が誠心誠意、あらゆる協力を惜しまれませんでした。どうして、こんなにまで愛労されるのか、私たちは訝《いぶか》しいほどでした。そこで、こんなタルムードの物語を想起しました。

＊

ある王様が、羊の群れを牧者に飼わせていた。ところが、ある日、羊とは違う別の動物が羊群の中にまぎれこんで来た。牧者は王様に「へんてこな動物が羊の中にまぎれこんでいますが、どうしましょうか？」と申しました。すると、王様は「特によく世話して飼ってやれ」と言った。

牧者が不可解な顔をするので、王様は、「この羊群は生まれつき土着のものだから、育てるのに心配はないが、あの外来の動物は異なった環境で生育した種であるのに、わが羊群と同じように行動しようとしているのだから、嬉しいじゃないか。よく面倒を見てやれ」と言ったのです。

このタルムードの教訓は、ユダヤ人は生まれたときからユダヤの伝統で育てられているので当然だが、ユダヤ文化の圏外にある民族がイスラエルを慕って来るのであれば、生来のユダヤ人よりも尊敬に値する、という比喩《ひゆ》なのであります。そのためかどうか知らぬが、もったいない優遇でありました。

（一九七一年十二月）

第三部　エルサレムの回復——詩篇講話より

神われらと共に

——詩篇四六篇講義より抜粋

私はどんなに落胆し、苦しい状況に陥ったような時にも、この詩を歌うと、元気と力が湧《わ》いてまいります。私たちだけではありません。ルーテルは、この詩を主題にしてあの有名な賛美歌「神はわが力　わが高きやぐら……」を作っております。

詩篇四六篇は、一説には、昔アッシリアの大軍に奇跡的な大勝利を得たという背景をもとに詠《うた》われたものだと推定されます。アッシリアというのは、現代でいうならば、イスラエル国を滅ぼそうとするアラブ諸国ともいうべき国ですが、大軍を率いたアッシリア王セナケリブにエルサレムは十重《とえ》二十重《はたえ》に包囲されました（紀元前七〇一年）。エルサレムは山の上にある都ですから、兵糧攻めに遭い、水源を断たれたら、住民はすぐに参ってしまいます。そのような絶望の時、ユダ王国のヒゼキヤ王は恐れ狼狽《ろうばい》し、エジプトに頼ろうか、地上の何かにすがろうか、としましたが、預言者イザヤは立って王様を叱《しか》りました。「神が共にあるならば、何を恐れようか。万軍の主が救いたもう」と。ヒゼキヤ王が本当に悔いて信仰に立ち帰ったら、その預言のとおり、アッシリアの十八万五千の兵が全滅し、エルサレムは守られたと記されております（イザヤ書三七・三六）。

そのような歴史の境遇を通して学び教えられた人物が、この詩篇を書いたのです。私は、今度のイスラエル問安の旅に出る前に、この詩を、また四七、四八篇を読みました。それといいますのも、私の気持ちを多少ともお伝えし、共々に現今のイスラエルの戦勝という歴史的事件を、聖書の目で学びたいと思ったからです。

いと近き助けの発見

神は　我らの避け所また力である。
悩める時の　いと近き助けである。　（一節）

直訳すると、「神は　我らにとって　避け所　また力（エロヒーム　ラーヌ　マハセーヴァオズ）」となります。「ラーヌ」というヘブライ語は「我らにとって、我らに味方して、我らの側の」という意味です。ここでは、単なる「我らの」ではありません。また「力（オズ）」という語は、要塞《ようさい》、城とも訳せます。神は我らの逃げ込む場所、一時の「避け所（マハセー）」であるのみならず、城砦《とりで》であり力であるという積極的な意味をもっています。鋼鉄のような力強い要塞、これが我らの神であります。

「神は我らの側に、我らに見方して」とは、預言者イザヤの根本思想です。神が我らに与《くみ》しておられる時に、我らは要塞の中にいる者のごとく、まことに嵐の避け所を得た者のごとくであります。神は全能の力でありますからには、私たちは弱くとも、困難にぶつかってゆくことができます。

さらに詩人は、神は何であるかを宣言しています。「悩める時の、いと近き助けである」。この直訳は、「助け（エズラー）、逆境の中でことのほか（メオッド＝いと近く、力強く、速やかにの意）見出だされる（ニムツァー）」です。苦難に悩める時に見出だされる助け、これ神であります。逆境にない場合には、神様は大して有り難くないんです。逆境において助けられて初めて、神の発見、不思議な力の発見があるものです。

原文の「ニムツァー　メオッド」は「いと近き」と訳されていますが、「ことのほか見出だされる」とも訳せると申しました。もともと、この「メオッド」という語は、「大能、大いなる力」を表す言葉でして、「いとも、力強くも、確かに、すぐれて、素晴らしくも、たちまちに」などと訳を付けることもできます。こんな意味を総合してこの句を読むと、神の助けがありありとして来ます。たとえ現在は苦難のどん底で絶望的であっても、もうすぐそこに救いが見えている。「力強くも、確かに、ことのほか」救助が待っている。もう必ず見出だされる助けがあると言って、これをイザヤは知っていました。さすがに彼は第一流の信仰の心路《すじ》を知っている人でした。

ですから、預言者ともなると、試練の際に人々を励ます言葉が違う。気休めでない。苦難に、逆境に遭うことは辛い。しかし、そこで尊く驚くべきものを発見できるからには、人間に苦難も善いことです。山中鹿之介も「七難八苦を来たらせたまえ」と祈願しましたが、信仰は実験によって試みるべきであって、議論によって決まるものではありません。

いかに人間が高ぶっても

このゆえに、たとい地は変わり、
山は海の真中に移るとも、我らは恐れない。（二節）

ヨルダン渓谷はアジア大陸とアフリカ大陸の間を引き裂く大地溝帯です。したがって、中近東地方は激しい地震の多いところで、有史以来、どれだけ多くの文明都市が崩壊したか分かりません。しかし、全宇宙を支配している万軍のエホバが我らの側に味方しておられるなら、何も恐るべきことはない。

パウロは言った、「神が我らの見方であるならば、誰が我らに敵しえようか」と（ロマ書八・三二）。一流の信仰者の共通にもつ言葉はこれです。どのように敵の大軍ありとても、天の万軍にはかなわず、原水爆よりも強いのは、我らの神である。眠っても、覚めても、神と共にある人間は強い。

この詩人は信仰の秘訣《ひけつ》を知っています。もし御意《みこころ》に沿わねば、見方になってくださらぬから、いつも御意を求める。自分の我を張らずに、自分の過誤に気づいて、神に悔い改めさえしたら、神は見方になってくださる。悔い改め、心砕けて、神の懐に入ってさえおれば、天下、何者をも恐れることはない。これがイザヤの信仰でした。

この真理は逆境の日に験《ため》され、苦難の日に発見して悟れるものであります。どんなに生活の根底から根こそぎにされても、神は愛と最善をなしたもう。かく信じて、かく成りゆきます。

たとい、その水は鳴りとどろき、あわだつとも、
その騒ぎによって　山々は震え動くとも。　（三節）

原文に従うならば、「鳴りとどろかしめよ、泡立たしめよ、その水は。山々も震い動けよ、彼の高ぶり（ガアヴァー）によって」と訳せます。この「ガアヴァー」というのは「高慢、奢《おご》り、高ぶり、誇り」の意です。なぜ、このとおり原文のまま訳さないのでしょう。私は、今度の戦争（「六日戦争」）でよく分かりました。エジプトのナセル大統領が戦争の前に、「全アラブ人がイスラエル人を海にたたき込むか、皆殺しにしてやる」と豪語した高ぶりを見よ。同様にここでは、アッシリアの大王セナケリブが十八万五千の兵を率いて、エルサレムに包囲作戦の陣を敷いている傲然《ごうぜん》たる様子であります。

まだ戦争が始まらぬ前から、私はナセルの敗北を予言して週報に次のような一文を載せました（『週刊原始福音』一九六七年六月四日号「イスラエルの自由と勝利を祈る」）。

＊

イスラエルがアラブ諸国の不当な挑戦を排除して、繁栄と自由を勝ち取られるように、私たちは祈ってやまない。それと共に友邦イスラエルの危機に際して、彼の国に在る者も、日本におる我らも、我らの全グループを挙げて、強い支援と協力を惜しまないであろう。

すでに私たちは必要な救援行動をとりつつあるが、もっと救援を進め、積極的に国際正義と平和に訴えてイスラエルの立場を擁護しなければならない。アカバ湾の封鎖は、イスラエルの死活問題であり、座視するに忍びない。ダビデよ、ゴリアテとの戦いに勝て！

ここに不可解なのは国連事務総長ウ・タントである。アカバ湾の国際的自由航路の保障は、すでに一九五六年のシナイ戦の和議によって、国連に於いて決定を見ているのにアラブの威嚇《いかく》に屈して、国連自ら監視軍を撤退して、その保障をつぶす結果となり、紛争を激化したのである。今や立派な独立国であるイスラエルを抹殺しよう、と号令かけて平気で挑戦するアラブ連合のナセルこそは、「悪魔の元凶」である。悪は悪の力で自滅する。やがて、天よりの鉄槌《てっつい》が彼の頭上に加えられるであろうことを、ここに私は予言しておきたい。

ともあれ、イスラエルに栄光の勝利を祈る。

＊

エルサレムの危機の日、イザヤは心中で「もっと傲《たか》ぶれ、山々は震い動くほどに高ぶれ」と言ったのです。セナケリブの傲慢《ごうまん》によって、山々よ、震い動け。川を鳴り轟《とどろ》かしめよ。どんなに人間ナセルが、人間セナケリブが高ぶっても、我らには神がある。人口二百六十万の小さいイスラエルが、四面楚歌《しめんそか》で一億人以上のアラブ諸国から睨《にら》まれている。ソ連という大強国からも絶縁状をたたきつけられた。さあどうなるか。このような状況のときに、もし現にイザヤが生きていたら「ナセル大統領よ、コスイギン首相の高慢よ、全地球を震わしめよ、しかし我らには神がある」と言い切ったでありましょう。

否、このことは戦争だけではない。私たちにも周囲の問題、いろいろなトラブルがある。そして、本当に敵が勝ち誇るかに見えるときに、なお「誇るものは誇れ。周囲は泡立ち、震い動け。されど、わが主キリストよ、あなたは私と共にある！　インマヌエル（神我らと共に在《いま》す）！」と、かく言い切れたら、イザヤ級の一流の信仰者と言えましょう。

神の都はゆるがず

一つの川がある
その流れは神の都を喜ばせ、
いと高き者の聖なる住まいを喜ばせる。
神がその中におられるので、都はゆるがない。
神は　朝明けにこれを助けられる。
（四、五節）

一つの「川（ナハル）」があるというが、これは灼熱の夏にも水の涸《か》れることがない流れを指します。そして、この川から流れ出る支流、疎水《そすい》は都に流れこみ、都を喜ばせるというのです。エルサレムは山の町でして、大河なんてありません。しかしシロアムの池には絶えず水が流れています。主イエスは盲人に向かって「シロアムの泉で目を洗え」と、ヨハネ伝九章で言われたが、そのシロアムの流れのことでありましょう。山の上の都エルサレムは、もし水源を断たれるとどうしようもない。水は生命を保つ根源です。

そこで、アッシリア国の攻撃に備えて、ヒゼキヤ王はケデロンの谷のギホンの泉から、城内のシロアム池へと地下水道をひいた（列王紀下二〇・二〇、歴代志下三二・三〇参照）。岩盤をくりぬいての、五三三メートルにわたるトンネルの大工事です。地下水を逆落としに流してある個所もあり、アッシリアの敵も地下水脈として消えたものと思って、水源に気がつかなかったのです。

イザヤ書八章に、「ゆるやかに流れるシロアの水」という表現があります。洪水のごとくとうとうと流れている川ではありません。細々と流れていますが、流水は尽きず、どんな日照りの日にも、水は絶えることがありません。

二十万の大軍に包囲されて、明日にも陥落しそうなエルサレム。だが、こうして神の生命の水は、神の憐れみの愛を表情するようにも、細々と内から湧き上がり、無限に脈々と続いている。それでこそ、至高者《いとたかきもの》の聖なる幕屋を喜ばせ、そこに集う聖徒たちを喜ばせる。敵に断水される不安もない。静かに信じて待ってさえおれば、救われる。果たせるかな、まだ暗い夜明け前に助けられた。朝になって人々が起き出てみると、アッシリア軍が一夜にして全滅しているのを発見したのでした。

おなじく、今次のイスラエル・アラブ戦争は「六日戦争」といわれて、世界史上に類例のない再短期戦として圧勝したのでした。神の御手《みて》がイスラエル軍に加勢せずして、どうしてこんな大勝をなすことができようか、とイスラエル人は言っておりました。

メシアの御業こそ

もろもろの民は騒ぎ立ち、
もろもろの王国は揺れ動く。
神がその声を出されると、地は溶ける。
万軍の主は　我らと共にある、
ヤコブの神は　我らのやぐらである。　（六、七節）

さあ、諸国民は騒ぎ立ち始めました。イスラエル攻略に加わるべきか否かと。国連は次から次に総会を開いて、揺れ動いています。やがて、神様が御声を出して一喝されると、一声で地球は溶けるでしょう。星雲状化してしまうでしょう。「万軍のエホバは我らと共にある。ヤコブの神は我らのための避け所である」――この名句がイザヤの信仰の真骨頂です。

原子爆弾や水爆を管理しているのは、米ソ中仏の四大国ではありません。神御自身です。神の御許しなくば、雀一匹でも天より墜《お》ちません。やがて、全地球が火だるまとなる時が来ても、神は確実に摂理を行ないたもう。その時こそ、日本民族が世界史に登場するでしょう。大和島根を祭壇に、燃える夜空に曙星《あけのほし》を仰ぐ日が全人類にあるでしょう。神が今世紀に原始福音運動を起こし、幕屋を張りたもうた所以《ゆえん》は、我らが神の使命を果たすためであります。私たちの責任の重く、かつ大なるを覚えます。

来たりてエホバの御業を見よ、
彼は地上に廃虚をもたらされた。（八節）

口語訳の「主は驚くべきことを地に行なわれた」の「驚くべきこと（シャモット）」は意訳でして、「廃虚」とか「荒廃」というのが原義です。したがって、「寂漠、静寂」という訳も出てきます。
唖《おし》のように黙りこくった、戦慄《せんりつ》すべき静けさの状況――地上が廃虚と化した戦場の風景――戦いの済んだあと、アラブの町々は全く人影すらありませんでした。旧エルサレムの市街は「死の町」と化していました。人々は逃げ去ってしまった。道を通る人々も、おどおどして戦争に恐怖していました。「神が一声を出されると、地上は溶ける」。やがて世紀の終末、時間の断層に地は虚無に呑《の》まれることでしょう。

小学校の教室で子供たちが授業の始まるまで、わいわい騒いでいても、先生が来て「オイ!」と一語を発するだけで、みんなが静まりかえります。そのように神のメシアが来られると、全地の騒ぎも、たちまち静まってしまう。それだけでない、「寂滅」が展開するでしょう。永久平和は国連によっては実現しません。「世界連邦」によって世界平和が実現するなんて思うなら、それは妄想にすぎません。人間の会議によって平和は来ません。平和は神によって来る! メシアのなきところに平和はあり得ない。ここに聖書の平和観があります。神なき平和運動をやる妄想牧師や平和運動家を笑っているのが、聖書自身です。

この詩は、驚くべき平和の君メシア(キリスト)のついに来たる日を待望しているのです。

異邦人の時満ちて

彼は地の果てまでも、戦いをやめさせ、
弓を折り、やりを断ち、戦車を火で焼かれる。
「静まりて、われこそ　神であることを知れ。
われは　もろもろの国民の間であがめられ、
全地にあがめられる」。
万軍のエホバは　我らと共におられる。
ヤコブの神は　我らのやぐらである。

（九～一一節）

主のなしたもう静寂は、地の果てまでも停戦となる。アラブは今まで持っていた武器を分捕られて、もう再び戦争ができなくなれ！　アラブだけでなく、世界の大国から武器を取り上げよ！　原水爆の恐ろしさに米ソ両大国がすくみ合っている。しかも、彼らの平和共存なんて偽装平和です。真の大平和時代はメシアの出現によってのみ可能である。終わりの日に救い主メシアが現れるときに、神の理想は成就するであろう。そう信じているのが聖書です。イスラエルも武器を捨てよ！

西の壁の前に立つ著者と紙片
「アブラハムの神　イサクの神　ヤコブの神
我らの神　ダビデの神の約束を　真実を感謝
東京・日本　手島郁郎」

この点で非常に重大な一つのポイントとなるのが今次の戦争です。後代に、神の救済史を書き綴る歴史家は、この戦争の重大意義を録《しる》すことでしょう。「嘆きの壁」がイスラエル人の手に帰したことは「聖史」の一大エポックです。

アブラハムに神が約束した聖地に聖なる民が帰り、聖意の実現を期するところに聖書思想の根本があります。この聖書の予言は天地が失せても成就するとは、旧約のみでなく新約の信ずるところです。

主イエスは人々の不信仰を嘆いて、エルサレムの滅亡を予言されたが、その滅亡は永久的でない、「異邦人の時が満ちるまで踏みにじられるが、再びエルサレムに立ち帰って救われる。これらの事が起こり始めたら、仰ぎて頭をあげよ」（ルカ伝二一・二八）と言われました。使徒パウロも同様に信じました（ローマ書一一・二五）。

イスラエル人も全クリスチャンも一つになって一つの神を拝する日のために、日本の原始福音運動は一つの使命を果したしたく願い祈ります。「万軍のエホバは我らと共にあり！」

（一九六七年六月二十五日）

勝利するエホバ
――詩篇四八篇講義より抜粋

私は、ただ今より戦争中（「六日戦争」）のイスラエルに陣中慰問のため出発しようとしています。この詩篇四八篇を読んで出かけます。

この詩篇も、四六篇も、同じ雰囲気の下に作詩されたものです。一般には四六篇は非常に有名な詩でありますが、この詩篇四八篇はさほどでもありません。

だが、この詩を読みますと、実に危機にあった国難から救い上げられた歓喜で、詩人の心が雀躍《じゃくやく》している様子がよく、くみ取れます。さぞかし、今までの長期間、試練と苦難とに叩《たた》かれ、迫害に耐え忍んできたイスラエルの民が、今日は不思議な大勝利を心ゆくまで味わいつつ、神の摂理を示された幸いを痛感させられていることと思います。

同様に、我ら幕屋の一同も、万軍の主のなさる御業を心からほめ称《たた》えとうございます。

主は大いなる神であって、
我らの神の都、その聖なる山で、
大いにほめたたえられるべきである。
シオンの山は北の端が高くて、うるわしく、
全地の喜びであり、大いなる王の都である。

（一、二節）

これはエルサレムの丘にある、シオンの山の賛美であり、神の都への礼賛の言葉であります。

実に、大いなるエホバだ！とほめ称えざるを得ません。今や、この神はユダヤ教徒、旧約聖書の民だけではない、新約聖書の民、欧米のキリスト教徒の民によっても崇《あが》められ、かつアラブ諸国家、イスラム教国の十億の民によっても、崇められている大いなる神であります。ただし、イスラム教徒たちはエホバと言わずに「アラー」と言います（これに相当する語は、ヘブライ語では「エル」、「エロヒーム」です）。

「大いなるかな、エホバ！」「大いなるかな、我が神よ！」なる語句は、特別な出来事に

出会ったときにこそ、真に深く感じるのであります。今こそ神はイスラエル国の人々に、また私たちエホバの神を信じている者たちの目前にも、その大能を現されたのでありました。

アラブ諸国は、十数カ国で大軍隊を率いて、四方を塞《ふさ》いでいる。敵中のただ中にある小国イスラエルは、日本の四国の島ほどの面積でしかない。しかも、その多くが砂漠の荒れた地帯でして、人が住める所は香川県ほどしかない。人口も二百五十万人程度（一九六七年当時）、京都市くらいの人口です。こんな小さな国にアラブ諸国の大軍が攻め込んできます。もう、イスラエルの運命は風前の灯火《ともしび》でした。

私の家の隣にある、イスラエル大使館の人たちなどは、戦争が始まったと聞いてから三日間、「食事も喉《のど》を通らない。眠ることもできない」と言って心配しておられました。そうでありましょうとも。イスラエルのキブツ・ヘフチバに留学したことのあるわが家（キリスト聖書塾勤務の意）の五人の娘たちは、この数日間、泣いておりました。

「どうして泣くのか？」と私が問うと、「あの可愛《かわい》いヘフチバのキブツの子供たちは、お父さんもお母さんも、戦争に出かけたり働きに出たりで、一人ぼっちになってることでしょう。どんなに寂しがり、不自由がって暮らしているだろうかと思うと、もう飛んででも、応援に駆けつけたくて仕方がない」、そう申しておりました。

しかし数日で逆勝しました。全世界中を支配しておる神の偉大さ、これこそ「the King of kings! 大王」とも言うべきものです。「イスラエルの民には、王様はない。しかし、王様以上に、自分たちを支配しているのは神である」と感じておりますから、こういう表現があるのです。大王の大いなる都がエルサレムであります。もちろん、ダビデその他、人間としての大王も出ましたけれども、詩人は「神こそ大王であり、しかも神はただ、王であるだけでない、全地の喜びである」と歌うのであります。

ともすれば、私たちは、小さな神を考えやすい。しかし、自己を拡張し、信仰を拡大するためには、まず偉大な神、不思議なことをなす神に出会うことです。神は、力強く我らを愛して、大いなることをなしたもう。また、神の御心は大きく伴いたもう、ということを、幾多の歴史を通して感ずる次第であります。

悪は悪の力で滅ぶ

神は　その宮殿の中で
高きやぐらとして知れわたる。
見よ、王たちは相会して共に進んで来た。
彼らは　都を見るや驚き、

あわてふためき、急ぎ逃げ去った。
おののきは彼らに臨み、
その苦しみは産婦の陣痛のようであった。　（三〜六節）

シオンの山には多くの高いやぐらがありました。しかし、そのようなやぐらは敵に対して、何の役にも立ちませんでした。ただ「その中に生きています神こそが、我らを守ってくださった、真のやぐらであった」と叫ぶのです。それは紀元前七〇一年、セナケリブ軍が侵入したときの回想でした。大小の国々が相集まり、相会した二十万のアッシリアの大軍が攻め進んで来ましたが、エルサレムに近づいただけで、逆に神に撃たれて敗走してしまいました。そのつぶされた、乱された、敗走していった姿が、いかにも力強く簡潔に描かれてあります。

有名なジュリアス・シーザーは「我は来た！　見た！　そして、勝った！」と言いましたけれども、イスラエルはこの中東戦争では、ほとんど戦いらしい戦いを行なわずに大勝利しました。一見、兵力の数においても、飛行機の数においても劣っていたにもかかわらず勝ちました。大国ソ連がナセル大統領の後ろ盾についているのに、英米はイスラエルを見殺しにするかのように、沈黙しておりました。

だが、彼らはエルサレムに近づき、そしてイスラエルの国境に接した途端、つぶれてしまった、と言うのであります。

歴史は繰り返す。いかに人間の力が強いように私たちの目に映りましても、神に敵する者たちは、一たび神の審判に接しますと、たちまちにしてつぶれてしまうのであります。たとえ、私たちの生活がアッシリアの大軍に囲まれ、憎まれ、迫害されておるように見えても神の御手にすがって生きるのならば、神御自身が手を下したもう。その時はたちまち、彼らは都を見、驚き慌《あわ》てふためき、急ぎ逃げ、つぶれ去ってしまうのであります。しかもその敵の心の戦慄《せんりつ》は、身震いは、女のお産のときのように、幾度も連続して呻《うめ》く苦しみ方であった。

私は本当に不思議に感じます。「ナセルよ！　お前の上に神の鉄槌《てっつい》が下るであろう。神の審判を恐れよ！」と、この戦争前に警告文を英文で作りました。実にそのとおりになりつつあります。

この大勝利を見て、イスラエルの大使バルトゥール氏やセラ書記官が「手島さん、真にあなたは予言者である。戦争前、このようなことを言われても、だれも信じなかった。私たちでさえ、イスラエルがこんなにも早く、勝ち戦するとは思わなかった。しかしながら、先生の予言のとおり、ナセルに鉄槌が下った」と言われました。

「ペンは剣よりも強し The pen is mightier than the sword.」という言葉があります。「悪は悪の力で滅んでゆく」。何も大武力だけで勝利は決しません。人を憎むために、憎しむ者は自ら滅びてしまう。ナセルはただ、アラブ諸国に「イスラエル人を憎めよ」と憎悪をそそりました。だが、人を憎むということは恐ろしいことです。我らのなすべきことではありません。

エルサレムの回復

あなたは　東風で　タルシシの船を破られた。
我らは　聞いたように、そのまま見た。
万軍のエホバの都、我らの神の都において、
神は　とこしえに　都を堅くされる。　　セラ　　（七～八節）

タルシシの船というのは、その当時の軍艦、大戦艦であります。東風（「ルアッハ・カディーム」、アラビア語で「ハムスィーン」）という恐ろしい熱風です。神が一息、一風吹かせられると、大軍艦がたちまちに炎上し、「ああ」という間もなく、大軍が打ちのめされてしまった。

詩篇四六篇の「神がその声を出したもうと、地はたちまち溶けた」というのと同じです。「声」と「風」というのも同じ意味でありまして、ただ「神の一息」、それだけでたくさんです。どうぞ、どのような時でも、いろいろな困難な問題や、事件が起こりそうになったとしましても、「神様！　神の御霊を、一息吹かして下さい」と祈るならば、たちまち状況が一変するのであります。

あたかも、博多の浜辺に蒙古軍が攻めて来たときのように、神風が吹けば、さしもの大艦隊も一夜にして海の底に沈んでしまったのでした。まことに「神風」であります。

このような神風の奇跡を聞いておりましたが、今日、私たちはテレビ・ニュースで、その神業《かみわざ》を眼で見たのです。これと同様、昔イスラエルの民が、「実にエルサレムは万軍の主エホバの都である」と叫んで、狂喜している姿が眼に浮かぶようであります。

それはイスラエルがアラブ諸国、中共、ソ連の大国の前に大勝利した、というくらいのことでありません。物事が勝利するのは、地の利、人の和によると言いますが、ここでは詩人は「天の時によって勝利した」と言いたいのであります。

「神は永遠に、この都を堅固にされる」。ローマ帝国に追われて以来二千年間、イスラエルの民は、この土地を追われ、散り散りになりました。イスラエルの民は神殿の城壁に縋《すが》り付いて、嘆きました。嘆きの祈り！　二千年もの間、彼らユダヤ教徒が石垣に手を突いて祈ったために、石垣の壁は摩滅し、穴が大きくあいてしまっています。私は以前に幾度か、その「嘆きの壁」に向かって祈りましたが、今こそ、二千年間の彼らの悲愴《ひそう》な祈りが実現したのであります。「歴史は神の審判である」。然り、そうです。

一九六七年六月七日——エルサレムの回復、この日はイスラエルにとって、忘れがたき思い出となるでしょう。祈りの力の恐ろしさを知った日です。たとえ絶望の中でも、祈りに祈り続けて、神の御手が動くその時を待ってさえおれば、私たちにも驚くべきことが起こるでしょう。

後代のために

あなたのさばきのゆえに
シオンの山を喜ばせ、
ユダの娘を楽しませてください。
（中略）
これは、あなたがたが後代に語り伝えるためである。
これこそ神であり、

世々限りなく、我らの神であって、
とこしえに我らを導かれるであろう。　（一一、一三、一四節）

「我らの神は、このような神である」という、一四節の句が良い言葉です。我らの神は「この神」なのです。このような歴史の中に生ける神こそ、神なのであります。こういう体験がなければ、本当の信仰となりません。

この歴史に生きたもう御業を見に、今から私はエルサレムに行き、イスラエルの人々を御慰問してまいります。私は今まで諸国民や諸国家の興亡の跡を見、人類の幾千年間にわたる過去の数多くの出来事を伝承的に綴《つづ》られたものを「歴史」として読まされ、聞かされてきました。しかし、私は今、書かれた歴史でなく、歴史がつくられた一瞬を、現実に生きた歴史をこの目で見られるのだと思うと、心が躍ってなりません。歴史という鏡の中で、私は狭い現在を超えて、未来史まで見抜いて、帰国しとうございます。

神の歴史は我々人間を圧倒し、閉じ込める運命の地獄ではなく、私たちを憩わせ、平安と平和を与えるために干渉して来るのだと感じます。人類の自己崩壊は歴史の終末でありますが、明るく輝く新世紀の到来をも告げています。

（一九六七年六月九日）

永遠のシオン
――詩篇八七篇講義――

詩篇八七篇は、極めて高遠な歴史観を述べた詩として、詩篇の中でも特異な存在であります。私が最も愛好する詩の一つであります。シオンの都を中心に霊的な世界史が大きく展開してゆくことを、この詩人は神に黙示されて狂喜しています。よほど霊感的な気持ちで作詩したと見え、短い詩ではありますが、原文の調子は激しい感動を言葉に盛り切れずに書いているようです。

この詩はたぶん、紀元前七世紀の後半、アッシリア帝国が崩壊して、バビロニア、エジプトの勢力が興隆し始めた時代に書かれたものであろうと推定されています。ずいぶん古い時代に、今から二千六百年以上も前に書かれた詩ではありますが、神から受けた霊感的な啓示を内容としております。しかし、神からの黙示というものは恐ろしいものでして、語られた言葉そのままに、現実に成ってゆきますから大変なことであります。

もし、私たち日本の幕屋の者たちにも、同様に何か神が示される黙示があるならば、私たちはその黙示を驚きをもって受け取り、それを信じ、信じ抜いて来たるべき日を待つことが大切だと思います。

宇宙的経綸の基礎

主が基をすえられた都は聖なる山の上に立つ。　（一節）

一節は、原文では「彼の基礎は聖なる山々に」となっています。「彼」というのは、もちろん神様――エホバを指すのですけれども、詩人は「彼の基礎（イェスダトー）」というような突拍子もない言葉を使って、「彼の基は聖《きよ》き山々に」と歌い始めております。それだけでは何の意味だかよく分からないから、「主が基をすえられた都は聖なる山の上に立つ」と口語訳では意訳してありますけれども、これは全くの言い換えであります。

神様は、ご自分の摂理、経綸《けいりん》を進められるのに、その基礎をどこに置かれたかというならば、聖なるシオンの山々である。エルサレムの町はいくつもの丘陵からなっておりますが、その山々の上に宇宙的な経綸の基礎を置かれた、というのであります。詩人の言葉を読んでみますと、その考え方がズバ抜けて大きいのに驚いてしまいます。単なる礎《いしずえ》ではありません。宇宙的、世界的な基礎であります。そして「全人類はこの礎のゆえに一つになる。全人類は兄弟である。一つの神から生まれるのである」という高遠な理想を、この詩で述べております。もちろん、聖なる山々に置かれているのは、目に見えない霊的な基礎であります。そして、その見えない礎を見てゆくところに、信仰の心があります。

主は愛したもう、シオンの諸門を、
ヤコブのすべての住まいよりも。　（二節）

エルサレムには、東西南北にいくつもの門があります。中近東では、門の中に街がありまして、「門（シャアル）」とは街の入り口であると同時に、その都市の代名詞でもあります。門は単なる城門ではなく、門の入った所はどこでも広場になっていて、昔から重要な集会が行なわれたり、裁判所や市場があり、多くの人が集合する場所になっておりました。だからイスラエルで「門」という場合、我々が感ずる門とはずいぶん違います。
エルサレムを取り巻く城壁が、山の上にずっと連なっている光景は、独特の美しさがあります。そして、その城壁には門がひときわ立派に出来ていた。神はその門をヤコブのすべての住まいよりも愛された、というのであります。

「ヤコブ」というのは、イスラエル民族のことですが、彼らの住まいはイスラエル国の各地にあります。また各地には神を礼拝する会堂や集会場があります。しかし神は、それらのすべてに勝って、イスラエルの中心的な場所であるシオンの街を、シオンのもろもろの門を愛されるというのです。

だが、なぜ神がシオンの門を愛されるかというと、その門を通って多くの巡礼者が聖なるシオンの丘に詣《もう》でるからです。その門を通らなければ、聖都に上って来られません。ですからイエス・キリストは、「われは門である。われによりて入る者は救われる」、また「狭き門より入れ！」とも言われました。門を通って至聖所に入るのであります。ですから神の宮に至る門というものを、イスラエルのどの家にも勝って、神が重要視したもうたことが分かります。

世界宗教の中心地

私がイスラエルを何度も訪れて不思議に思いますのは、エルサレムが聖地としてどんなに多くの人々から慕われているか、ということです。釈迦《しやか》の聖地やマホメットのメッカ、メジナの比ではありません。アブラハムを父祖と仰ぐユダヤ民族、十億の回教徒、さらに二十億のキリスト教徒が皆、この聖地エルサレムを慕っています。

アブラハムがイサクを燔祭《はんさい》の羊の代わりに献《ささ》げようとしたモリヤの山は、このエルサレムにある聖なる岩の上であったと伝えられています。またアラブ民族がこの地を神聖視するのは、非常なものです。黄金のモスク（岩のモスク）と呼ばれる世界で最も美しい建築物の一つをエルサレムに造っております。その岩の上から、マホメットが昇天したと伝えられているからであります。

このように、エルサレムほど世界的な宗教の中心地である土地柄は、地球上、他に類を見ません。シオンの山という所は、実に不思議な宗教的雰囲気をもっている聖地です。

しかし地理的に見るならば、荒れた禿《は》げ山にある、産物も少ない、古びた街にすぎません。しかしその街が、ただの文化的な都市であるというのではない。歴史的な都市であるというのでもない。この詩人は「シオンこそ、世界の、宇宙の中心になる」と言おうとするのですから、大変であります。

このように雄大高遠な思想は、議論や理屈からは出ません。突如、私たちの胸の中に霊感のように黙示が与えられて、それを信じ始めるときに、実際に実現してゆくのであります。どうか御互いも心の奥底に、大きな美しい夢をもって、その夢を信じとうございます。夢は必ず実現するものです。夢を欠くと、宗教は実に無味乾燥な理屈、議論に終わってしまいます。

ここで詩人が述べていることは、決して何かの議論ではありません。彼はあるとき祈っていると、ふとこういう幻を見たのでしょう。それでなお続けて言います。

光栄あることが語られる

神の都よ、もろもろの光栄あることが、
なんじについて語られたぞ。　セラ　（三節）

「光栄あること（ニフバドット）」というのは、「カヴェッド（重くある、尊ばれている）」という動詞から来ている分詞で、「カヴォッド（栄光）」などという言葉と同根です。「名誉ある、栄光ある、輝かしい事柄、素晴らしいこと」などの意味に取れます。

「神の都よ、あなたについて栄誉あること、glorious things が聞かれるぞ」と、今、神の御告げを聞いたこの詩人がそれをここで言うのです。私たちは、神の黙示を聴くことが大切です。

詩篇一九篇に、

もろもろの天は神の栄光《カヴォッド》をあらわし、
大空はみ手のわざを示す。
この日は言葉をかの日に伝え、
この夜は知識をかの夜に告げる。
話すことなく、語ることなく、
その声も聞こえないのに、
その響きは全地にあまねく、
その言葉は世界の果てにまで及ぶ。　（一～四節）

と詠《うた》っておりますように、全宇宙は生きて、神の声なき声を響かせております。これを聴く耳のある人は幸いです。いな、聴く耳があるなしではない、私たちは皆、聴こうとしなければなりません。神を信仰する以上、神が私たち一人一人に呼びたもう呼びかけを聴くことが大切です。そうでなければ、わがままな、自分勝手な人生に終わってしまいます。

「神の都について光栄あることが、素晴らしいことが語られる」。それは、どんな素晴らしいことだろうか？　どんな立派なお宮が出来たり、きらびやかな会館が建築されたりするのだろうかと思いますが、そうではない。この詩人が見た黙示はこうでありました。

意想外な黙示

「わたしはラハブとバビロンを、
わたしを知る者たちのうちに挙げる。
見よ！　ペリシテ、ツロを、クシと共に
『これはかしこに生まれた』と」　（四節）

この部分は神様の御告げであって、「わたし」というのは神ご自身のことです。「ラハブ」とは何かといいますと、龍《りゅう》とか鰐《わに》のような古代の神話的な海の怪獣のことです。ナイル河などにそれが多いからでしょうが、イスラエルをいじめる海の怪獣ラハブだといって、エジプトを卑しめて渾名《あだな》で呼んでいるのです。また、「バビロン」は、東のバビロニア大帝国の首府として繁栄していたからでしょう。

イスラエルをさんざん悩ましてきた当時の東西二大強国が、この小国の聖都から霊的感化を受けて、唯一の真の神（エホバ）を信ずるに至る、という黙示をこの詩人は受けたのでありました。

口語訳で「挙げる」と訳されている語は「ザハル（記憶する）」という動詞から派生し

た語です。「私を知る者たちの中にエジプトやバビロンがいることを思い起こさしめる、指摘する」といった意味ですが、このような考えは普通ではとうてい予想もつかないことです。

現在だけを見ている者は、こういうことは考えられません。しかし、祈って神の黙示を受けるということは、自分では全然、思いもよらない、意想外なことです。突然、実に独創的なアイデア、考えがポッと浮かんでくる。

当時、北のイスラエルはアッシリアに滅ぼされ、南のユダもやがてバビロニアに征服されて、多くの人がバビロンに連れて行かれ、捕虜になって重労働に就かされておりました。イスラエルという国は、いつも周囲の列強に脅かされ支配された、ちっぽけな国でした。ところが、そんな小国が強大な国々を指して、「彼らをエホバを知る者の中に挙げる、彼らがエホバの神を信じる国民になる」という、そのような黙示をこの詩人は受けたのであります。

だれが当時、そういうことを考えることができたでしょう。しかし神様の御告げだから必ず成就するんだ、と驚いております。「素晴らしいことが語られたぞ、おい、聞いてくれ！」と皆に言うのですね。

しかり、唯一神教の預言者マホメットの出現によって、中近東からアフリカにかけて、古《いにしえ》の偶像的宗教を捨て、それが実現しました。神の予言は必ず実現します。またエジプト、バビロニアだけでない。すぐ近くの地中海沿岸にはペリシテ人がおりましたが、イスラエル、ユダとはいつも仇敵《きゅうてき》の間柄にありました。さらにツロというのは北方の港町で、フェニキア人の首府であります。現在のレバノン地方に当たりますが、このフェニキア人とは、イスラエルはわりに仲が良かった。同盟を結んでみたり、また戦ってみたりしている。しかし宗教的に言えば、どっちつかずの者と一緒にいるということは、非常に禍《わざわ》いを残します。

そして当時の概念では、一番遠い国だと考えられていた「クシ（今のエチオピア）と共に」と言って、遠いエチオピア人まで、このエホバの神様を知る時代が来る、彼らもエルサレムで生まれたと言われる日が来る、と言うのです。

宗教だけが永遠に続く

一体だれがこんな考え方をしたのでしょうか？　私たち日本人は果たしてこういう考えをもっているでしょうか？　やがて日本に世界各国の王様や大統領がやって来て、日本は素晴らしい国だ、日本に鎮座まします神様は驚くべきものだと感じる日が来る、と思うでしょうか？　ここに、宗教に生きる者が普通の人間とは根本的に違った考え方をしなければならない点があります。

現今の政治家たちを見ても、遠い未来を見て、国家百年の計を立てるなどということを全然していません。現在だけの国家のあり方なり、都市計画なりを考えている。いや、計画というよりも、現在の行き詰まりを修繕することだけに専念している。これが今の日本の為政者たちの姿です。それでは、果たして「政治」と言えるかどうか、疑わざるを得ません。私たちは、現在の修繕ごとき程度のことはしません。

ところで、このヘブライの詩人はどうでしょうか！ バビロニアに国を滅ぼされて、やっとエルサレムの城壁を修復することができた時。しかも、国土といえば日本の四国よりも小さいくらいで、これという産物とてない不毛の土地。けれども、そういう狭い国、人口も少数でありながら、やがてバビロニアの大帝国もエジプト大帝国も、自分たちの拝んでいる至高者エホバを知る日が来るというのです。真の神を礼拝する最高の宗教の力が、ついに全世界に影響を及ぼすに違いないと信じておる。これはえらいことです。

有名なイギリスの歴史学者、アーノルド・トインビーは、今までの歴史家が小さな五十年、百年の区切りで歴史を見ているのに比べて、三百年、五百年、千年単位を区切って歴史を観《み》ています。千年前の当時に影響を及ぼしたもので、今日でも影響を及ぼしているものがあるかと考えてみると、王侯、貴族、地主、英雄など権力者は今はどこにもおりません。ただ、その当時の人々の心に影響を与えていた宗教だけが、今も続いております。

今から千二百年前に弘法大師《こうぼうだいし》が現れ、七百年前には法然《ほうねん》、親鸞《しんらん》、日蓮《にちれん》などが次々に出まして、人々にそれぞれ深い感化を与えました。そしてその影響が今に至るまで続いています。当時、権勢をほしいままにしていた藤原氏も、平家も源氏も、足利氏も徳川氏もみな滅び去って今はおりません。

このように宗教ほど恐ろしい、永続的な力をもつものは他にない。五百年、千年の周期で歴史を観よ！　宗教だけが残る。すなわち、宗教だけが歴史の意味を教えるということが分かります。ここに私たちが人から卑しめられても、喜んで本当の宗教を説くことの大事さがあります。

日本から全人類へ

このような考え方をしているトインビーが、彼の息子に対して、自分がもう一度この世に生まれ直すことがあるならば、日本の神道かインドのヨガを信じたい、キリスト教はご免だと言っております。それは、今の西洋流のキリスト教があまりにも変質しておかしいからです。西洋でも心ある人は、現今のキリスト教が間違いであることをよく知っています。

私たちがあえて「原始福音」を標榜《ひょうぼう》し、もう一度現代に宗教を息吹《いぶ》き返し、キリストの時代の再現を目指すのは、ただ事を好んでするのではありません。弱小なイスラエル民族が、やがて大国エジプトも強大なバビロニアも、一番厄介《やっかい》なペリシテもツロも、遠方のエチオピアも皆、エホバの神を信ずるようになるだろう、と実に偉大なことを言いました。私も、こうやって日本に神様が始めてくださった原始福音が、きっと全世界に影響を及ぼす日が来るに違いない、ぜひとも神様！　来させてくださいと祈り、そう信じるからであります。

このユダヤ人の一詩人の霊感は、本当にそのとおりに実現してゆきました。イエス・キリストの出現以来、ユダヤ教の枠を超えて、異邦人の中にまでも唯一神の信仰が広がってゆきました。アフリカのエチオピア（コプト教会という派のキリスト教を信奉）でも、フェニキア（現今のレバノン）でもキリスト教国です。

エホバの神を知るところ、野蛮なヨーロッパの民族性が変わり、新しいヨーロッパ文明が興りました。ローマ帝国然《しか》り、ゲルマン民族、アングロ・サクソン、北欧の民族然り、多くの未開の国々がエルサレムに結びつくことになりました。イエス・キリストの伝えた不思議な神の霊が動くところ、ただではおきません。神を知らぬ真っ暗な民族も、すっかり変わってしまうということです。

またユダヤ教、キリスト教だけでない。イスラム教といえども、アブラハムが信じていた唯一の至高神《エル・エリヨン》を広めただけです。マホメットは当時のカトリック教会が偶像礼拝に堕し、腐敗していることに対抗して霊的な唯一神教を唱えたのです。しかも彼はネストリウス派キリスト教（景教）の感化を受けて立ち上がったと言われています。こうして今や、唯一のいと高き神様しか拝まない十億のイスラムの民がいるのです。

敗戦から立ち直ったばかりの小国イスラエルの一無名詩人が、「エホバの神様を、やがて全世界が崇拝する日がやって来る。かしこの大帝国もみなシオンで生まれ直すことが始まるのだ」などと言いだすとは、何と偉大な歴史観を持っていたのだろうか、と言わざるを得ません。こんな歴史観は普通の人にとってはあまりに突拍子すぎて、とうてい抱けるものではありません。しかし信じるごとくになるものでして、神様が見せてくれた黙示が今や確実に成就しつつあります。

新たに生まれずば人

日本にはなかなか、キリスト教が根を下ろしません。しかし、本当にこのキリストの原始福音が根を下ろすときが来たら、やがてこの日本民族は世界史に大きなことをやるに違いない、と私は思っているのです。私たちのグループは、今はまだ少数です。しかし少数であるからといって、何も現在を悲しむ必要はありません。いつの日にか、大勢の人々が、大きな団体が、大きな社会に至るまでが、この原始福音の光を浴びるときが来るに違いない。

そのときに皆がどう言うかというと、「私も、この人も、かの人もその中で生まれた」と叫び始めます。この原始福音の光に触れると、皆新しく生まれ変わるということが始まります。

これは、この詩人が「この者もかの者もかしこ（エルサレム）で生まれた、と言われる」（四節）と詠うのと同様です。エチオピア、バビロニア、エジプトの国民がエルサレムで生まれるなど、物理的に不可能です。しかし、そうではない。これは精神的、霊的な誕生を言っているのであります。

イエス・キリストはこう言われました。「人は新たに水と霊とによって生まれなければ、神の国に入ることはできない。肉から生まれる者は肉である。しかし霊から生まれる者は霊である……」（ヨハネ伝三章）と。もう一度、「新たに」というより、「上より（アノーテン ἄνωθεν）」生まれる、霊的な生まれ直しが心の奥底に、肉の奥底に始まることが救いです。

このヨハネ伝と同じ思想を述べておりますのが、詩篇八七篇であります。私たちが肉として生まれたままならば、肉として死んで植物の肥やしになるくらいが精々です。しかし、私たちの中にもう一つ霊が生まれる。神の霊によって神の子が誕生する。これを新しいコンバージョン（回心）といいます。

神秘家エックハルトは言いました、「神の種子が私たちの心の中にある」と。今まで眠っている心の中の神の種子を揺り動かしさえすれば、お互いみんな神の子となります。「生まれる」というのは、自分の努力によりません。ある時期が来るとポッと生まれて来るのであって、頭でどんなに考えても新しい生命は生まれて来ない。

私たちのうちに、自分自身から来たのではない、神々の生命が誕生する。この神の生命を胎蔵《たいぞう》する人間の発生こそ、宗教の目的であります。宗教の目的は、永遠の生命――神の生命が、人々の胸の中に生まれて来ることなのであります。大いなる我、宇宙大の我が生まれて来る必要があります。

シオンにて生まれる者

しかしシオンについては

「この者も、かの者もその中に生まれた」と言われるであろう。

いと高き者みずからシオンを

堅く立てられるからである。（五節）

「シオンを堅く立てられる」という言葉は、直訳すると「彼女（シオン）を創設する、建設する、築く」という意味で、英語で言えば establish（確立する）の意です。

ここで言われている「シオン」は、単にエルサレムという地上のシオンのことだけではありません。霊的な意味において、神が支配したもう神の国のことであります。その神の国には、神の生命で生まれてくるものである。人間の修養、努力をいくら重ねてみても、ただの人間であることには変わりありません。しかしこの人間の中に、シオンの泉が湧きだして、神の子が誕生する経験がある。これが私たちの信仰であります。

そして、この神の子が生まれてくるという経験、人間の中にシオンの霊泉が湧くという経験は、神様ご自身の御業であります。全能者自らがこの霊のシオンをお守りになる、建てられるのであって、決して人手によるのではありません。

また日本中に類例がない、いや世界中に類を見ない集団である原始福音の幕屋は、神ご自身が建てたもうたものであります。今イスラエルにおいて、あれほどクリスチャンを嫌うユダヤ人たちが、私たちに対してだけは「マクヤ、マクヤ」と言って愛し、尊敬してくださるのを見ると、これは何でしょうか？　神ご自身が働きたもうのでなければ、人間業《わざ》では、人間の計画ではできるだろうかと思います。このエクレシアの一切を神が計画され、造りつつありたもうということを、私はヒタヒタと感じます。

使徒行伝二章四七節に「主は救われる者を、日々仲間に加えてくださったのである」という言葉がありますが、次々に「この人も生まれた、あの人も生まれた」と言って、不思議な御業で神ご自身が導いてくださるように、と祈らざるを得ません。そしてこの召されたる者たちの幕屋に触れると、「私はシオンに生まれた」と言って、みな自分の中に、もう一つの神なる我が生まれた体験に入ります。この肉なる我に死んだ霊なる我が、驚くべきことをするのです。

生命の泉に浴して

もろもろの民が登録されるとき、
「この者はかしこに生まれた」と
主は数えられる。　セラ　（六節）

「『かしこに生まれた』と主は数えられる」というのは、「エルサレム、すなわち神の支配する町――その領域で生まれた、と主が数えたもう（認めたもう）」という意味です。

こうやってイスラエルの都シオンに始まったこの宗教運動というものが、全世界に及ぶのであって、全世界に次々と霊的新生をする者たちが現れるとき、「ああ、私はシオンのお陰で生まれたんだ。遠い日本の涯《はて》に住んでいても、ああ、このキリストの神様のお陰であった」と、みなが必ず言うようになります。

三千年、四千年前から神様が着々と始めておられた宗教的な基礎、それがついに完成するときには、全人類が一つとされて兄弟となる。霊的に人類は皆兄弟であるという。皆が同じ所で生まれるからであります。武力によって他の国を併合するとか、そこに貢《みつ》ぎ物を持って都詣でをさせるということではない。ただシオンが信仰の中心であるということが、全宇宙の歴史に参与する最も大切な事柄となるのであります。

世界の歴史を見ますと、神の御霊に鼓舞されて多くの民族が次々に歴史の舞台に登場し、大きな役割を果たしてきました。それでいよいよ二十一世紀になりましたら、神の霊が不思議に日本の上に息吹き始め、世界に大きな貢献をするようになれかし、と私は熱く祈ります。

今、アメリカやソ連が原子力を扱って牛耳っているような文明ではない。どうか、世界中の人々が霊的なものを学びに……というよりも、神ご自身の息吹きを感じるために、日本へやって来る日が来ますように！　これは単に日本の救いであるだけではない。全世界の救いとなるのであります。

「この者も、かの者もかしこに生まれた」とあるように、一人一人が次々にキリストの霊に触れ、神の子が生み出されていく——これが伝道であります。救いは団体的なものではなく、個人的なものです。一人一人がシオンの泉に浴し、シオンの生命を受けて新生する。そうでないならば、本当の宗教でありません。

『生命の書』に登録される

「もろもろの民が登録されるとき」とありますが、『生命の書』に登録されるという思想は、出エジプト記三二章三二節、イザヤ書四章三節その他、聖書の至る所に出てまいります。神はただ記憶されるだけではない、新しく生まれた者を皆、『生命の書』に登録されるというのです。

地上のエルサレムは、天上の神の都の一つのひな型として、宗教的な中心地となっております。まだ不完全なひな型ですが、着々とその道を進んでおります。私たちにとって大切なことは、私たちの国籍は天にあるのであって、天にその名が記録されることです。

ルカ伝にありますように、弟子たちがイエス・キリストの名において伝道しましたら、悪霊が追い出され、病が癒やされたので、それを誇らかに報告しました。すると、キリストは、「そんなことは大事じゃないんだ。お前たちの名が天に記されていることを喜べ」とおっしゃいました。私たちは、それを喜びとうございます。これは自分のせいではない。とても自分なんか、天に名が記され得る人間だとは思えない。けれども神様が私たちの肉なるものに神の霊を蒔《ま》いてお育てになるから、こういう不思議な結果となるのでしょう。

＊

数日前のことですが、突然、イスラエル国より「エルサレムの『黄金の書』に、あなたの名と業績を記す」という証書が送られてきました。一体これは何のことか、と人ごとのような気がしておりました。

『黄金の書』とは、イスラエルの建国以前より、建国に功労のあった人々を永久に記念して、「ユダヤ国民基金」のエルサレム本部に登録されるものです。イスラエルという国は勲章のない国でありまして、これはイスラエル人はもちろんのこと、全世界のユダヤ人にとって最高の名誉であります。

しかし、私は何もイスラエル国に尽くした功績というものを持っていません。ただ今年（一九六七年）の六月に起こった六日戦争に際して、心配してイスラエルまで出かけて行ったまでのことです。昔の私でしたら、地上の名誉というものが有り難いものに思えて喜んだかもしれませんが、今は、この世的な名誉というものに何の魅力もありません。自分は変わったなぁ、と思っておりました。

しかし、数日、日が経《た》つにつれて、案外このとおりかもしれないとも思ったりしました。自分は別に信仰が深いという気はしません。信仰のない人に比べれば信仰的に生きています。しかし、神の国に何か尽くした功績があったとは、つゆだに思っていません。ただ、節を曲げずに、この二十年間、人から迫害されても除《の》け者にされても、黙って堪えてやってきただけです。これくらいが私の取り柄であって、他にありありません。

イスラエルについていえば、今までに百人以上の若い諸君がキブツに学びに行かれ、特別の友好関係をもっております。また六日戦争の前より、皆さんと共に救援委員会を発起して、わずかのお手伝いをしたにすぎませんが、その代表として、私にこのような名誉をくださったのだろうと思います。

この度、日本人として名誉市民に記されたことを私は喜びます。しかし、それはもっと違った意味において、宗教的な意味においてであります。「もろもろの民が登録されるとき、『この者はかしこに生まれた』と主は数えられる。歌う者と踊る者は皆言う、『わがもろもろの泉はあなたのうちにある』と」と言って、詩人が賛美している、この句を思い出すからであります。

私も、「あなたのうちに湧き上がる泉を持つ者とされた」ことが嬉しいのであります。そして次々と同じように魂の泉を湧かす人たちが、この日本にも現れ始めた。そこに大きな喜びと今後の希望を見出だすものであります。

神知霊覚、泉のごとし

歌う者と踊る者は皆言う、
「我がすべての泉はあなたのうちにある」と。（七節）

エルサレムの祭礼のときに、踊り子たちが神に奉納するための舞いを、神の前に〝ハバー・ナギラ〟を歌うように踊ったのでしょう。歌う者たちも踊る者たちも声をそろえてシオンに歓呼して言います、「我がすべての泉はあなたのうちにあり」と。

イエス・キリストはサマリアの女に対して言われました、「もしあなたが信ずるならば、私の与える生命の水はあなたのうちにかわくことがなく、汲むこともいらない泉が内に湧くだろう」（ヨハネ伝四章）と。また幕屋祭の終わりの大いなる日に、イエス・キリストは立って言われました、「『すべて渇ける者はわれに来たれ。われを信ずる者は、その腹の中から生命の水が川のように流れあふれる』と。これは信者が受けるであろうところの聖霊を指して言われたのだ」（ヨハネ伝七章）と記されています。

このような生命の泉、神の泉が、私たちのようなつまらない者に湧き上がる経験があります。人は地位や経歴や財産、学歴、容色といった外側を問題にしますが、一番大事なことは私たちの内側にフツフツと生命の泉が湧き上がることです。今まで涸《か》れ切っていた魂だのに、突然、神の光の泉が射《さ》し初《そ》めましたら、不思議に潤《うるお》された人生が始まる。この神を見たてまつる経験が尊いのであります。

幕末の思想家、教育家として活躍した肥後の人に横井小楠《しょうなん》がいますが、キリスト教思想に触れて開国論を唱え、福井藩主松平《まつだいら》春嶽《しゅんがく》に多大な影響を与えたりしています。キリスト教を広めようとしていると保守派に思われて京都で暗殺されましたが、その彼がこういう言葉を残しています。

神知霊覚、湧くこと泉の如し
作為を用いず自然に付す
前世、当世、更に後世
三世を貫通して皇天に対す

神の知恵、霊的な感覚《センス》が泉のように湧いてくる。人間的な作為を用いずに自然に付している。偽り事をしない。小細工をしない。前世（過去）、当世（現在）、後世（未来）を貫通して、皇天（エホバの神のこと）に対す、と詠った。自分が何かにとらわれることなく見ると、神の御手の業が実によく分かります。現象を見てから後手、後手に手を打ったりすることがない。どうしてかというと、神知霊覚が泉のように湧くからだ、と言うのです。
私たちは場当たりの歩みをするのではありません。大きな幻《ビジョン》を神からいただいて、みずからの一生についても、私たちが志を一つにしている集会についても、キリストの神様が本当に何をなそうとしておられるかを直感して歩むことが大切です。小さなマス目で量《はか》らずに、前世、当世、後世の三世を貫通して皇天に対す、といった大きな信仰を抱いてゆきとうございます。

詩篇八七篇を読んで学ばされることは、「神は歴史を導きつつある神である。突進し、進化させ、何かを現出させよう、仕出かそうとしておられる神様だ」ということであります。私たちの神様は、何か静かに座禅でも組んで悟る、といったものではありません。歴史をグングン直《じか》に導きつつありたもう、社会を導きつつありたもう神の境地に、座禅を組んだって入れません。聖書の宗教はこの点で仏教とは違う。神は不思議に天地を司《つかさど》りつつ、社会を造り、個人個人を導き、神の泉によって生み出し、新しく生まれ変わりをさせようとするお方なのであります。

霊的シオンの待望

シオンの都――素晴らしい街ではありますけれども、小さな山の上の街にすぎない。城壁や門が美しいといっても、他の大きな都に比べれば大したことはない。しかし、その目に見える状況の彼方《かなた》に、目に見えない、名付けがたいものを見て、そこが世界の中心である、宇宙の基礎であると詩人は直感した。このように神秘なものの見方こそ、宗教の心得であります。

詩人の受けた霊感のごとく、エルサレムは世界の宗教の中心地と本当になりました。けれども、それは地上のことであって、私たちにとってもっと大事なことは、霊的シオンを待望する信仰です。地上のエルサレムは、天上の霊なる、新しいエルサレムの模型です。「上なるエルサレムは、自由の女であって、我らの母である」(ガラテヤ四・二六)とパウロは言い、ヨハネは「見よ、聖なる都、新しいエルサレムが、夫のために着飾った花嫁のように、天から降るのを見た。それは神の幕屋であった。諸国民が、この聖都の光の中を歩く時が来る。渇いている魂は、生命の水から値なしに飲んで癒やされ、新生する」(黙示録二一章)と言いました。

聖霊の子らは、霊的な神の都エルサレムを国籍にしています。この神の国の生命に新生したればこそ、私たちは一つの聖霊の感激に、ハートが通じ合うのです。

暗い旧約時代において、新約の光を見出だすことは、夜空にひときわ輝く金星を見出だしたような喜びです。イザヤ的な思想です（イザヤ書二・四、一一・一〇、一八・七）。

「神の宇宙王国の首府こそ、シオンの都だ」と詩人は叫んだのです。そして、そのとおりに世界の宗教史は進んできました。次の番は、我ら幕屋の役割です。私は小さな目で原始福音運動というものを見たくありません。この大和島根に住む民族をして、どうか世界の灯明台としてくださいと祈ります。

（一九六七年十月二十二日）

【付録】

親イスラエル政策を捨てるな
——田中内閣の反省を求む

イスラエル救援委員会　手島郁郎

編者まえがき　一九七三年十月六日、ユダヤ人にとって最も聖なる日、ヨム・キプール（大贖罪日）に突如、エジプト軍はイスラエルを急襲し第四次中東戦争が勃発した。いわゆるヨム・キプール戦争である。国家存亡の危機に立たせられたイスラエルが反攻に転じると、アラブ諸国は石油戦略を発動した。著者は、イスラエルの歴史的転換点には必ず聖書の歴史観に立って、その見解を発表し、時には具体的行動を起こした。それは政治運動としてではなく、宗教運動として、正義と愛を表明するためのものであった。以下のアピール文は、著者の精神をうかがい知る一助になると思われるので、掲載した。

私たちは、教会の外で聖書を信じる無教会の一グループです。現下の中東問題の成り行きを座視するに忍びず、ここにお訴えを致します。

先日のこと、「政府は凡ての国と友好関係を保つのが、我が国の伝統的な外交方針で、その中立的立場を捨てるワケにはいかない」と大平外相は言いました。然るに、田中内閣は急にアラブの圧力に屈して、イスラエルが六七年中東戦争で占領した全地域から撤退するように要求したり、またイスラエルと国交断絶をほのめかすまでに、アラブ支持の方針に急変してしまったのは、まことに遺憾《いかん》のきわみであります。

私たちは宗教的な立場から、一日も早くイスラエルとアラブとの間に平和が成立することを願うものであります。私たちはアラブ諸国を愛します。同様に、イスラエルを愛します。特に聖書を愛読するクリスチャンとして、イエス・キリストの生国イスラエルを、殊《こと》のほか愛するのは当然であります。数多くの秀れた科学者や芸術家を生み出して「全人類の光」とも言うべき偉大な民族・イスラエル人を見捨てて、彼らの敵となるが如きことは、実に田中内閣の愚かなる盲動と言わざるを得ません。

一、紛争解決を妨げる場当たり外交

イスラエル政府は、「日本政府の中東新政策は、中立の立場を逸脱することであり、イスラエル国家の絶滅を承認するものとなる。平和交渉による中東紛争の解決の見通しが出て来たときに、日本政府の政策変更は、交渉の成功の可能性を妨げるものである」と、厳しく抗議しましたが、当然の声明であります。

また、アメリカ国務省は「日本の立場を一応は理解しつつも、懸命に中東平和を実現しようと努力しているのに、和平政策を日本は支持すべきだのに、妨害するのか」と強い不満を表明しています。西欧諸国は、日本が英・仏なみのアラブ〝友好国〟待遇を受けようとする苦肉の策だ、と冷笑しているではありませんか。先進国からまで嫌われるエコノミック・アニマルが日本なのならば、恥ずかしくてたまりません。

二、「六日戦争後の停戦ライン」こそ

政府は「イスラエルは六日戦争以前のラインまで撤兵せよ」との声明を発したが、全面撤退をしたら、アラブ側はますます武力挑発を繰り返すこと必定です。第三次大戦の勃発にまでつながる大危険が予想されます。窮鼠《きゅうそ》、猫を噛《か》む、のたとえとなります。

私たちはかねがね、「六日戦争後の停戦ラインが、最も戦争を招きにくい、自然的な境界線として、これを恒久的な国境線と認めるよう」国連に数次にわたって請願して参りました。この国境線は古来、聖書がイスラエルに約束した地域の境界線でもあるからです。私たちの請願は、先日も、ワルトハイム事務総長を介して、安保理事会の各代表に、その「写し」が配布されております（二一八ページ参照）。

三、アラブ心理を知らぬ田中外交

恫喝《どうかつ》や脅《おど》しによって自己の主張を通そうとするのは、アラブ民族に特有の心理です。無関係な善良な市民をも犠牲にするハイジャック行為は、アラブ・ゲリラのお家芸です。毅然《きぜん》として彼らの暴虐に抵抗すれば、彼らは引っ込みますが、ビクビクと一歩ゆずれば、ますます居丈高《いたけだか》になるのがアラブ的性格です。（状況次第で、容易に変心、変節するのが常ですが）

現に「単なる声明ではダメだ。日本が石油供給制限の緩和を望むならば、イスラエルと断交せよ」と、一段と強硬な要求をつきつけてきました。しかし、はたして、次の変心は？

こんなアラブ人の性格を知らずに、石油欲しさにシッポを振る場当たり的な変節は、何という嘆かわしい外交でしょう。中立外交を貫くべし、という大平外相の主張を退けて、目先の欲に囚《とら》われ、年来の親しい友人を裏切っても石油を欲しがる田中首相や中曽根通産相などは、政治家として根本的に欠陥がある人物です。彼らの退陣を要求せずにおれません。

四、アブハチ取らずの現状

今回の泥ナワ式の〝親アラブ路線〟で、石油制限は緩和されるどころか、原油供給は削減されるばかりです。というのは、アラブ産油国は依然として強硬ですし、逆に原油の割り当て率を決定する米・英・仏系の国際石油資本（メージャー）が、日本の態度に不信感を抱き、原油割り当ての減少に出ることが予想されます。最も被害が大きく、自ら好んで墓穴を掘って泣くのが日本外交ではたまりません。

五、危機を乗り切るには

この危機に対して、最も必要なことは、日本国政府が毅然として自主的な中立外交の基本姿勢に戻ることです。わが国に何らの害悪を及ぼしたことのないイスラエルを見捨てるなどということは、武士道の恥ではないか！「対イスラエル政策について再検討する」と官房長官は政府の見解を述べたが、どうぞ、親イスラエル政策に切り換えるよう、再検討を願います。このままでは、全世界のユダヤ系資本を敵に廻して、輸出貿易に頼る日本経済が、どんなに恐ろしい結果を招くか。給油できずに日航機も飛べず、海上を船も走れず、我ら庶民の生活は暗い生活になります。

小国オランダは、もっと非道《ひど》い扱いを受けながらも、いち早く石油エネルギーの節減につとめ、苦難を耐え忍ぶ覚悟でいます。感心ではありませんか。

何よりも、日本で浪費されているエネルギーの無駄をいましめ、国民が一致団結して節約の方法を検討したら、三〇％ぐらいの石油を浮かせることは、むずかしくありません。四年前の原油輸入量に戻れば、あり余るほどです。（四八年度の原油輸入量〔推定〕＝約二億九千万kl、四五年度＝約一億九千六百万kl）なぜ、アラブの恫喝を義憤しないのですか！

この石油攪乱《かくらん》を企画し、最大の利益を得てホクソ笑《え》んでいるのはアラブではなく、背後にあってアラブを操縦している老獪《ろうかい》なソ連であることを知るべきです。ソ連には、イラクからの送油が今、どんどん続いています。また、アラブはうまうま原油の値上げに成功しました。

六、精神的日本の再興

石油危機とそれにつながる物不足は、わが日本民族に与えられた試練です。戦後の「使い捨て文化」は、私たち日本人の心をスッカリ荒廃させました。物を大事にすることは、日本人の昔からの習慣でした。今こそ物質中心の享楽的な生き方を反省して、もっと精神的な日本人らしい心を取り戻して歩むべき機会ではないかと存じます。

日本を愛し、聖書を愛する者として、私たちは新しい田中改造内閣に対して反省を求め、親イスラエル政策を取るよう、再検討を考究して欲しいと願います。

社会の底辺に生きる私たちの声は小さくとも、やがて、多くの憂国の志をもつ、良識ある人々と共に、大きな声となることを信じ、ここに訴えるものであります。

（一九七三年十二月二日）

国連事務総長への訴状

ワルトハイム殿

国連事務総長として国際平和のために尽くされる閣下の献身的なご努力に対し、私共は深甚なる感謝を表したく思います。

さて、国連のご努力にもかかわらず、イスラエルとアラブ諸国家との緊張は前例のないほど危機状況へと悪化しております。今こそ、絶対的な解決が求められます。

私共は、日本の幕屋新シオニストとして、この紛争はホーリー・ヒストリー（Heilsgeschichte）に照らしてみてのみ終結できるものと信じます。エルサレムとパレスチナの地は、単に政治社会的存在としてのみ見るべきではなく、神の摂理が聖書時代より行なわれてきた舞台そのものと見るべきであります。

神は預言者ゼカリヤを通じて語られました、「すべての国民がエルサレムを自分たちの聖所として献げることを謙虚に学ぶならば、地上に平和と栄えがあるだろう」と（ゼカリヤ書 8:20~23、14:16~19）。イスラエルの安全とエルサレムの完全な回復なくして、中東及び全世界に永遠の平和は決して実現しないでしょう。聖書的観点から見れば、1967 年 6 月の六日戦争におけるイスラエルの勝利は、神の約束が成就し始めたこと以外の何ものでもありません。

これに関連して、私共はここに国連総会及び安全保障理事会において以下の事柄を検討していただきたく、閣下に要請するものであります。

(1) イスラエルによって今管理されている全地域が、恒久的国境線と決定されること。
(2) イスラエルを含む国際社会が、アラブ難民の安寧回復の責任を担うこと。
(3) スエズ運河は、国連の監督のもとにエジプトアラブ共和国とイスラエルの合同管理下に置かれること。

私共は、国際平和の達成という至高の目的に向けられた閣下の絶えざる努力に心から感謝を献げます。閣下と国連の上に、神の特別の祝福がありますよう衷心より祈ります。

敬白

1973年10月8日
日本幕屋新シオニスト運動会長　手島郁郎

【解　題】

手島先生とイスラエル

神藤　燿

手島郁郎先生とイスラエルの関係は運命的に結び付けられている、と言っても過言ではないだろう。手島先生が阿蘇でキリストの召命を受け、聖書の信仰を日本民族に伝道することを始めた一九四八年五月は、イスラエル民族が千九百年間の流浪の果てに約束の地イスラエルに国家を再興したのと同年同月である。（著者の名に敬称を付けることをお許し頂きたい）

伝道の初期に手島先生は神から黙示を受けていた。〝エルサレムは必ずイスラエル人の手に回復される〟と。この黙示の意味するところは、「キリストは生きており、全世界がメシアの国、キリストの民となるために、エルサレムの回復が大きなシンボルとなる」、というものだった。

聖書の言《ことば》は、それを語った神が生きて働いているゆえに、時が来ると必ず成就する、と信じたのが手島先生だった。一九六七年五月、エジプトのナセル大統領はシナイ半島に駐屯していた国連監視軍の撤退を要求し、チラン海峡を閉鎖して、「イスラエル人を海に叩き込んで皆殺しにする」と豪語していた。イスラエルの安全と生存が脅かされていたが、手島先生はイスラエルの勝利を信じて疑わず、悪魔の元凶ナセルに天よりの鉄槌が下ることを予言した（詩篇四六篇）。

一週間後に六日戦争が勃発、エルサレムはわずか四日間の戦闘でイスラエル軍の手に回復された。手島先生は直ちにイスラエルに飛び、嘆きの壁で感謝の祈りを捧げた。「アブラハムの神　イサクの神　ヤコブの神　我らの神　ダビデの神の約束を　真実を感謝　東京・日本　手島郁郎」と紙に記して、壁の隙間に入れた。その日の日記には、「今日はわが人生最大最良の日」と綴っている。その時の喜びと、神が示す黙示の素晴らしさを、詩篇四八篇と八七篇の講義の中で高らかに謳《うた》っている。

手島先生はいよいよ確信をもって断言してやまなかった。「エルサレム回復を期として、幕屋の運動は大進展を示す。世界の霊化運動は進みに進む！」　首都圏の伝道は熱を帯び、キリストの原始福音が東京の一角に根を下ろす時が来たら、やがて日本民族は世界史に大きく貢献する、いつの日にか大勢の人々がこの原始福音の光を浴びる時が来るに違いない、そのために私は死に物狂いだ、と語った。

そして翌年の一九六八年二月に大エルサレム回復祝賀巡礼団をイスラエルへ派遣し、夏の箱根聖会にはエルサレム攻略司令官ウジ・ナルキス将軍を招いて、エルサレム回復を共に祝賀した。これら一連の行動は、エルサレム回復の歴史的意味を神から直接教えられていたからこそ、瞬時に実行に移すことができたのだと思う。

一九六八年十月に第四次幕屋聖地巡礼団がカリフォルニアのバークレーに宿泊したとき、一人の老ユダヤ人が英文『生命の光』を見て感動し、ホテルのロビーにいた手島先生を捕まえて懇願した。その人はアブラハム・ゴットリーブ博士といい、かつてヘルツェルの棺を担いだ学生の一人で、整形外科医としてアメリカ医学界の泰斗となっていた。シオン巡礼途次の幕屋人の喜びに触れて、若き日のシオニストの情熱が俄然《がぜん》甦《よみがえ》ってきたと言う。博士の願いは、音楽家でコメディアンとしても有名な息子ルイスがヒッピーの大御所となっているが、心の情熱を失った若者たちに真の聖書の信仰を伝道してほしいというものだった。

このゴットリーブ博士の期待が、手島先生の「ロマ書一一章の講義」の背景にあると思う。ユダヤ人をして妬ましく思わせるほどの熱烈な愛を持って接するとき、ユダヤ人も本来の信仰に立ち返るようになる、との使徒パウロの悲願につながっているのではないか。パウロが同胞ユダヤ人に願ったことは、キリスト教界が二千年近く誤解し続けてきたような、ユダヤ教徒をキリスト教徒に改宗させることでは決してない。彼自身が体験した聖霊のリバイバルがイスラエル人の間に起こるならば、ユダヤ教徒とキリスト教徒は共に一つの神に仕え、全人類の歴史に大きく貢献するだろうとの願いに他ならない。

手島先生は筆者に、全米のユダヤ人クリスチャンを尋ね出して接触を深めるように指示された。その中から聖霊体験をもつ伝道師アーサー・キャッツが一九八九年の夏期聖会に招かれ、翌年は全米ユダヤ人クリスチャン組織のトップ、ダニエル・フックス博士が伊豆聖会に招かれた。そのオープニングで挨拶として語られたのが「アブラハムの祝福の完成」である。

手島先生は、原始福音の世界化を夢見、幕屋が世界的な使命を果たすためには、もう一度聖書の読み直しが必要である。聖書を何千年も読み続けてきたユダヤ人の読み方を学んで、原始福音運動の未来を考えるようにと、次男をニューヨークのユダヤ神学校に送り出した。

一九七一年の十一月、第七次幕屋聖地巡礼団の一部がアメリカ周りでイスラエルへ行く途次、一行はニューヨークのユダヤ神学校でアブラハム・ヘシェル博士の歓迎を受けた。「混沌《こんとん》とした現代における最大の奇跡はイスラエル国家の再建であります。イスラエルの建国こそは、神が歴史に関与された最大の徴《しるし》ですが、多くの人はその重大意義を知らず、目があってもその徴を見ようとしません。そんな中で、皆様方が目敏くこの歴史の事実を見取ったことは、あなたたちが真に神に祝福されている稀なグループであることの証拠です」と語られた。

その後、巡礼団は国連広場前でイスラエル擁護のデモを繰り広げた。手島先生はフックス博士を訪ねて、一緒に参加するよう誘った。しかし、政治的な活動には参加しないと、フックス博士は断った。先生はがっかりされた。それ以来先生はキッパリ、ユダヤ人クリスチャンとの接触を断ち切った。彼らにはイスラエルという信仰の基盤がない。イスラエルと運命を共にするユダヤ人でなければ、聖なる歴史を共に担ってゆくことができないと感じられたに違いない。

私たちはギリシアのケンクレヤの浜辺でパウロの誓願にならい、剃髪して願をかけた。今後はキリストの奴隷《しもべ》となって福音に殉じてゆくことを誓い、エルサレムに上った。オリーブ山頂で開かれた第一回原始福音世界聖会で、手島先生は祈られた、「主よ、どうかここに集う三百名を、あなたの花嫁の一人、エクレシアの細胞の一つ、御衣《みころも》の糸一条にでも数えてください。幕屋を貴神《あなた》の御旨を行なうにふさわしい花嫁と仕立ててください。そのためどんな困難、苦しみがあり、人に侮られ見捨てられても、真っ直ぐに貴神のものとして歩きます」

翌七二年の白馬聖会で掲げられたバーナーは、「新シオニスト聖会　原始福音エクレシア白馬聖会」であり、主賓にナルキス将軍が再び招かれた。その打ち合わせの会で語られた「地上に具現する聖史」は、霊的シオニズムを目指す幕屋にとって、非常に大事だと思う。

一九七三年十月のヨム・キプール戦争の時にも、手島先生は重病の身を押してイスラエルへ飛ぼうとした。そして亡くなる三週間前、イスラエルのための東京キャンペーンを陣頭指揮された手島先生は叫んだ、「キリストなくして私たちの贖いもなく、救いもない。イスラエルなくして、主イエスもなく、私の信仰もない」と。先生にとってイスラエル国の存続とエルサレムの安全を擁護することは、政治的な行動ではなく、神の歴史を抹殺しようとする勢力に対する命がけの戦いであった。それで、アラブの石油戦略で世界中の国々がイスラエルを見捨てようとしたとき、キリスト者の手島先生は、「聖書の国、イエス・キリストの生国、イスラエルを見捨てるな！」と世界に訴えた。まことに贖い主キリストと、聖書の国イスラエルへの愛に倒れた手島先生の信仰の証しであった。

編者あとがき

著者がイスラエルについて語った講話や紀行、談話は『生命の光』誌や単行本に多数発表されているが、紙幅の都合上、本書はその中から編者が基本的なものを選別し、一巻に上梓したものである。一概にイスラエルに関係するものといっても、著者は幅広く各所で触れており、本書はそのごく一部と思っていただきたい。

本書の刊行の意図は、若い方々や入信して日が浅い方々、聖地巡礼に行かれる方々、あるいはイスラエルと聖書に関心のある一般の方々に、イスラエルの重要性を知っていただきたく、それによって聖書信仰の理解と向上に役立てて頂ければということである。

本書は、三部に分けた。第一部には、著者が何故イスラエルと深い関係をもつのか、それがユダヤ教徒はもちろん新約聖書を信じるキリスト教徒にとっても、いかに不可欠なことなのか、を解説してくれる講話に焦点を当てた。第二部は、著者が聖地イスラエルを巡礼したときの体験・見聞・感動の紀行文を収録した。第三部は、六日戦争（一九六七年）で回復されたエルサレムをどのように見るか、著者の歴史観から述べた詩篇講話を三編、選んだ。

最初の講話「ユダヤ教と原始福音」は、著者の最晩年における〝まとめ〟にも匹敵する重要な見解である。旧約聖書は根で新約聖書は花であり、イスラエルから離れていったキリスト教は異質化していった。ユダヤ教徒へのキリスト教伝道を否定し、ユダヤ教とキリスト教とは共存してよいと説く。主イエスが聖書を読まれたと同じ読み方を勧める。

「使徒パウロの悲願」は、ロマ書一一章が当時のヘレニスト・クリスチャンのユダヤ人軽視に対するパウロの警告でもあり、著者は、パウロの愛国の情とイスラエル民族の救いについて、従来のロマ書解釈とは違った視点に立って、パウロの真意を注解する。

「アブラハムの祝福の完成」は聖会における開会の辞で短いが、キリスト教がユダヤ教と共に聖書の宗教であり、アブラハムの祝福を広める使命をもつことを教えてくれる。

「地上に具現する聖史」は、著者が「今のプロテスタントのキリスト教が個人主義であるのはどうしてか、歴史の観念がないからです」と結んでいるように、聖なる歴史という主題《テーゼ》の重要さを提唱している。著者は「新シオン主義」について言及しているが、なお詳しく知りたい人は、『小羊の婚姻』(生命の光誌二六四号・一九七二年九月号)を参照されたい。

第二部の巡礼紀行では、「聖地を旅して」に著者最初の訪問を感動込めて書いている。ただし、聖跡を巡るが霊的なキリスト教徒にも出会えず、失望している。しかし、そこには記されていないが、この旅でキブツを紹介され訪問し、シオニストの開拓精神と国土建設の理想に共感し、その後、若者を聖地留学に遣わし、イスラエルとの交流が展開していく。外国為替の制限で個人の海外旅行が非常に困難な時代に行けたことも奇跡に近いが、現実のイスラエルに触れた体験は神慮の導きとも言える。「詩篇一二六篇講義・不毛のネゲブに花が咲く」（生命の光誌一三七号・一九六二年一月号）に詳しく述べられているので、参照をお勧めする。

「心の旅路」以降の紀行は、イスラエルとの交流が発展していく様子がよく見てとれる。と同時に、著者の実践的信仰がよく表現されているものである。著者が西の壁の前で聞いたという神の黙示が、「シオンに帰れ」に載っている。「私は神と約束したことは必ず実行する人間でして、聖意に聴従すると、必ず、先にどんな祝福が待っているか、ソレは計り知れないものがあります」と。注目されたい。また、ユダヤ宗教哲学者やキリスト教神学者の理解ある評価は、日本での批判中傷とは異なり、原始福音運動への激励となった。

第三部について。一九六七年に詩篇連続講義がひときわ精彩を放ったが、著者の伝道生涯でもこの前後は波瀾に富んだ時期《カイロス》である。第三次中東戦争（六日戦争）を前後して、著者の聖書に立脚した現実の歴史への洞察と予言は冴《さ》えわたっていた。本書に掲載した詩篇講義は、若干、割愛した部分もある。それは著者のこの時点での言辞に焦点を合わせたいためである。『詩篇講話』を参照していただきたい。例えば、詩篇四七篇講義「上りゆく神」（生命の光誌二〇三号・一九六七年八月号）は神の勝利を賛えている。最後の詩篇八七篇講義「永遠のシオン」は、シオンの都を中心に神の経綸は進んでいく、という神の黙示を綴った詩であるが、歴史と聖書の関係を解き明かした著者の最も重要な講話である。

著者について簡単に紹介したい。手島郁郎は、若き日から熱烈なクリスチャンであったが、やがて教会信仰に飽きたらず、内村鑑三の創始した無教会の群れに加わった。一九四八年に神の召命に出会い、生業《なりわい》としていた事業経営を一切投げ出して独立伝道に立ち、以来二十五年間波瀾に富む伝道生涯を続けて、七三年のクリスマスの日に天に召された。

著者は、イエス・キリストに悉《ことごと》く倣うことを信条とし、旧新約聖書に忠実な伝道に徹して、「生けるキリスト」を伝える信仰運動を展開した。それを原始福音運動と呼んだ。それは聖霊によるカリスマを特長とした。著者の信仰のもう一つの特長は、イスラエルへの深い愛と交流である。それこそ、他のキリスト教会とは隔絶した原始福音運動の特長である。

著者の亡き後も、幕屋とイスラエルの関係は熱く続き、発展している。聖地巡礼は著者が引率した第一回（一九六四年）以来、今年の春で第六十回を迎える。今年は、日本とイスラエル国交六十周年に当たる意義ある年で、幕屋巡礼団は祝意を表しにシオンを訪れる。

この機会に本書の発刊を企画したことに、『生命の光』誌の発行元キリスト聖書塾のご理解とご協力を賜り、心から感謝申し上げたい。神藤燿、伊藤正明の両氏には編集上、貴重なご意見とご協力を頂いたことに厚く御礼を申し上げる。ただし、本書に欠陥があるとすれば、編集上の責任は編者が一切負うもので、読者の皆様のご寛恕をお願いしたい。

二〇一二年一月

河合一充

著者とイスラエル　略年譜

年	出来事
1954	スロムニツキー博士夫妻と出会う（10月）
1961	最初の聖地巡礼（久保田豊氏と共に）（9月～11月）
1963	留学生と共にイスラエル訪問（3～4月） マルティン・ブーバーと会見
1964	第1次聖地巡礼団を引率（11～12月）
1965	米国経由でイスラエル訪問（3月） シュタイナー夫人を見舞い、ベルグマン博士を訪問
1966	第2次聖地巡礼団（女子留学生）を引率（3月）
1967	六日戦争直後、イスラエル問安に出発（6月）
1967	エルサレムの「黄金の書」に登録される（10月）
1968	第3次聖地巡礼団を引率（2～3月） エルサレム回復の祝賀使節巡礼
1968	ウジ・ナルキス将軍を箱根聖会に招聘（7月）
1968	第4次聖地巡礼団を引率（10～11月） 国連前で請願デモを行なう
1969	イスラエル訪問（3月）
1970	インド経由でイスラエル訪問（1月）
1971	第6次聖地巡礼団を引率（1～2月） 「なぜもっとエルサレムに来ないのか」の御声
1971	第7次聖地巡礼団を引率（11～12月）　アメリカ経由 国連前で親イスラエルのアピール 第1回エルサレム世界聖会 シャザール大統領と会見
1972	ナルキス将軍夫妻、カッツネルソン女史を白馬聖会に招聘（7月）
1972	イスラエル訪問（9月）、キブツヘフチバ創立50周年記念
1973	第8次聖地巡礼団を引率（3～4月） イスラエル建国25周年祝賀
1973	ヨム・キプール戦争勃発、イスラエル問安の途上、香港より引き返す（10月）　東京キャンペーン（12月）

初出一覧

第一部　ユダヤ教と原始福音　生命の光二七四号（一九七三年七月号）
　使徒パウロの悲願　生命の光二二〇号（一九六九年一月号）
　アブラハムの祝福の完成　生命の光二四〇号（一九七〇年九月号）
　地上に具現する聖史　週報マクヤ九〇号（一九八六年五月十一日号）
第二部　聖地を旅して　生命の光一四三号（一九六二年七月号）
　心の旅路　生命の光一七六号（一九六五年四月号）
　シオンに帰れ　週報五八号（一九七一年二月十四日号）
　劇的な旅路を続けて　生命の光二五六号（一九七二年一月号）
第三部　神われらと共に　生命の光二〇二号（一九六七年七月号）
　勝利するエホバ　生命の光二一五号（一九六八年八月号）
　永遠のシオン　生命の光三〇五号（一九七六年四月号）
付録　親イスラエル政策を捨てるな　週報二〇〇号（一九七三年十二月二日号）

●なお、「神われらと共に」、「勝利するエホバ」は『詩篇講話』第三巻（八六年一月初版）に、「永遠のシオン」は『詩篇講話』第四巻（九二年五月初版）に収録されている。

● 著者紹介

手島郁郎（てしま　いくろう）

1910（明治 43）年 8 月 26 日、島根県大東町に生まれる。1922（大正 11）年 12 歳の時、熊本バプテスト教会の庭で回心の経験。その後 16 歳の時、日本基督教会東坪井教会にて受洗。長崎高商出身、事業経営に携わる。戦後、1948 年米占領軍の軍政官の横暴に抵抗し、迫害を受けて阿蘇山中に逃避行したとき、神の黙示に接し、キリストの原始福音を伝えることを決意。以後、一切の事業経営を辞め、独立伝道に立つ。聖書の民イスラエルを愛し、著者の提唱する信仰運動はブーバー、ヘシェル等のユダヤ宗教哲学者の共鳴を受ける。1973 年 12 月 25 日召天する。

● 掲載写真　　キリスト聖書塾提供

聖書の宗教とイスラエル

2012 年　2 月 14 日　初版発行

著　者　手　島　郁　郎
発行者　河　合　一　充
発行所　株式会社　ミ　ル　ト　ス

〒102-0073　東京都千代田区九段北 1-10-5
九段桜ビル 2F
TEL 03-3288-2200　FAX 03-3288-2225
振替口座　0 0 1 4 0 - 0 - 1 3 4 0 5 8
http://myrtos.co.jp　pub@myrtos.co.jp

印刷・製本　シナノ印刷（株）　Printed in Japan　ISBN 978-4-89586-039-0
定価はカバーに表示してあります。